Depression

Aus der psychischen Dunkelheit zurück ins Licht

AF191473

Haftungsausschluss (Disclaimer)

Depression

Aus der psychischen Dunkelheit zurück ins Licht

Ein 16-Schritte-Wegweiser

erlebt und aufgeschrieben
von H. Karin Buzin

zaghaft

verzweifelt

bedrückt

distanziert

aggressiv

angespannt

EINSAM

pessimistisch

nervös

BESORGT

ängstlich

zögerlich

Verwirrt

AUSGELAUGT

BETROFFEN

deprimiert

labil

hilflos

frustriert

gleichgültig

lustlos

apathisch

zermürbt

GEHEMMT

mutlos

kraftlos

ohnmächtig

Bei diesen Gefühlen sind unsere persönlichen Bedürfnisse nicht erfüllt. Es geht uns nicht gut. Unser Herz fordert uns auf, uns mit der Umwelt und dem Leben auseinanderzusetzen – und unsere Lebenssituation zu verändern.

Vorwort

Hilf mir, es selbst zu tun.
Maria Montessori

Liebe Leserinnen, liebe Leser,
stecken Sie in einer Sackgasse fest und möchten da wieder heraus?
Denken Sie darüber nach, Ihr Leben endlich in die Hand zu nehmen und das Beste daraus zu machen?
Wenn Sie eine dieser Fragen mit „Ja" beantworten, dann ist dieser Ratgeber genau das Richtige für Sie. Er kann Ihnen helfen, Ihr wahres Selbst zu erkennen und endlich den Mut aufzubringen, das Leben zu leben, das Sie schon immer leben wollten.
Es ist gleichgültig, wie viele Kerzen auf Ihrer Geburtstagstorte brennen. Es ist gleichgültig, ob Sie männlich, weiblich oder divers sind. Ich wende mich an alle Geschlechter, die es auf der Erde gibt – die mir bekannten und die mir unbekannten. Jeder Mensch darf sich angesprochen fühlen. Von diesem Buch können besonders Menschen profitieren, die von einer Depression betroffen sind und aktiv mit zur Heilung beitragen wollen.
Vielleicht ist es jetzt Ihre Zeit, die „Reise nach Innen" anzutreten. Was heißt das? Damit meine ich ein gründliches inneres Aufräumen. Fast wie eine innere Revolution. Sie kommen in Kontakt mit dem Anteil in sich selbst, der nur darauf gewartet hat, endlich entdeckt zu werden. Sie lauschen nach innen und fragen sich: „Wer bin ich wirklich?"
Das Wunder, das in Ihnen steckt, ist eine Gabe, ein Geschenk, ein Seelenauftrag, eine Bestimmung. Das Leben wird Ihnen mit vielen unterschiedlichen Erfahrungen dienen, damit Sie in Kontakt mit ihrem Geschenk für die Welt kommen. Es ist eine Schatzsuche in Ihrem Innern. Eine Schatzsuche nach Ihrer Herzenswahrheit, nach Ihrer Schöpferkraft.
Sie beginnt damit, dass Sie sich all Ihren inneren Ängsten, Ihren inneren Dämonen und Selbstzweifeln stellen. Sie werden al-

te Überzeugungen auf den Prüfstand stellen. Sie klären alle Ihre Schattenseiten und nehmen sich selbst in einem neuen Licht wahr.

Dadurch wird sich nicht nur Ihr Selbstbild verändern, sondern Ihre komplette Welt. Denn die Welt, die Sie im Außen sehen, ist immer ein Spiegel Ihrer inneren Welt. Sie werden es lernen, wieder auf Ihre innere Stimme – Ihre Herzensstimme – zu hören. Sie war immer da. Nur tönten die äußeren Stimmen und Erwartungen so laut, dass Sie Ihre eigene Stimme nicht mehr hören konnten. Die innere Stimme kommt leise daher und sagt: „Du bist genau richtig so, wie Du bist. Vergiss das nie!"

Begeben Sie sich zu Ihrer inneren Reise und stärken sie Schritt für Schritt Ihr Selbst. Beantworten Sie sich folgende Frage: „Glaube ich an das Leben?"

Ist die Antwort ein schwaches „Ja"? Dann ist das ein guter Anfang!

Dieses Buch ist mein Erfahrungsbericht und gleichzeitig ein Wegweiser, der Sie unterstützen kann, wenn Sie das möchten. Wenn Sie innerlich „Ja" sagen, „Ja" zu sich und zu den folgenden Übungen. Ich möchte eine Soforthilfe anbieten. Sie soll alltagstauglich sein, leicht verständlich und sofort umsetzbar.

Bevor es losgeht, noch zwei Anmerkungen:

Da der Inhalt meines Buches sehr persönlich ist, wähle ich ab jetzt die Du-Form, auch wenn wir uns nicht vorgestellt worden sind. Ich tue das, weil ich die Absicht habe, Dich mit meinen Worten im Herzen zu berühren. Ich habe die Absicht, Dich zu unterstützen. Denn ich glaube an Dich. Ich glaube an Deine Kraft in Dir.

Allein wegen der besseren Lesbarkeit verzichte ich auf Doppelpunkte, Sternchen, Unterstrich und Binnen-I. Diese sprachlichen Mittel entsprechen einfach nicht meinem Bedürfnis nach flüssigem Lesen. Ich liebe die deutsche Sprache und möchte den Sprachstil so simpel wie möglich halten. Von Natur aus bin ich ein weltoffener Mensch, der achtsam und respektvoll allen anderen Menschen gegenübertritt.

Die Autorin

Über meinen erfolgreichen Abi-Abschluss am Berlin-Kolleg, die Studienabschlüsse in Kreativitätspädagogik, das erste und zweite Staatsexamen Lehramt-Sonderschule freue ich mich. Ebenso freue ich mich über die erworbenen Abschlüsse und Kompetenzen in der Wildnis-Pädagogik (Wildnis- und Naturschule Havelland) und in der Integrativen Lerntherapie für Lese-Rechtschreib-Schwäche beim Duden-Institut. All das hat mich bereichert und geprägt.

Was macht mich aus? Ich liebe Menschen, umarme Bäume, laufe immer öfter barfuß, liebe duftende Hecken- und Pfingstrosen und essbare Wildpflanzen. Ich liebe Elefanten, Giraffen und Wildkatzen in freier Wildbahn. Ich spiele Gitarre und singe dazu. Ich will endlich mehr Piano üben. Laut singe ich mit bei: „We Are The World", „Griechischer Wein" oder „Probier's mal mit Gemütlichkeit".

Ich mag Disney-Filme und Musicals. Ich bin eine Optimistin, tanze Salsa, Standardtänze und, ganz neu: Bachata. Ich begrüße jeden neuen Tag und freue mich auf das, was sich mir heute zeigen möchte. Ich bin reisefreudig, verfahre mich ab und zu und lasse mich gern von fremden Kulturen inspirieren. An meiner Wohnungstür, von außen, hängt ein selbstgestaltetes Bild mit zwei Friedenstauben.

Seit Ende August 2023 bin ich wieder an einer Schule tätig. Jetzt begleite ich als Integrationshelferin eine Jugendliche im Autismus-Spektrum.

Ich hatte mich verloren. Überforderung in der vorherigen Schule und private ungünstige Umstände brachten mich in die Arbeitsunfähigkeit und hielten mich zehn Monate in einer depressiven Abwärtsspirale fest.

Mit meinem letzten Fünkchen Mut habe ich es geschafft, mich aus dem dunklen Loch zu befreien. Dabei hatte ich professionelle Unterstützung von meiner Hausärztin, meinem Psychiater und meiner Psychologin. Ebenso haben meine Familie und Freunde mich unterstützt. Meine Glaubenssätze während dieser herausfordernden Zeit waren: „Ich bin da irgendwie hineingekommen, also komme ich da auch wieder heraus. Ich weiß nicht wann. Ich weiß nicht wie. Doch ich weiß, dass ich da wieder herauskomme!"

Meinen schleichenden Prozess und vor allem den Weg ins Leben zurück möchte ich mit Dir teilen.

Ein Schlüsselmoment zur vollständigen Heilung war meine Kündigung zum Ende Juli 2023 beim Berliner Senat für Bildung, Jugend und Familie.

Meine ausführliche Geschichte findest Du am Ende des Buches, wenn Du magst.

Erster Schritt: Innehalten

1. Mein Weckruf an Dich

Es gibt kein Versagen, es sei denn, du gibst auf.
Alice Adams

Ich freue mich für Dich, denn Du hältst das Buch in Deinen Händen. Du bist jetzt aktiv und kommst ins Handeln. Gut so. Nimm Deinen letzten Funken Hoffnung! Rufe all Deine verbliebenen Kräfte um Hilfe! Das Urvertrauen geht nie ganz verloren. Auch wenn Du Dich gerade nicht mehr spüren kannst. Der kleinste Funke Mut, der kleinste Funke Hoffnung reichen aus. Füttere den Funken. Lass ihn wachsen. Entscheide Dich für das Leben! Entscheide Dich für Dich! Du bist es wert! Ich bin an Deiner Seite.

Erlaube mir, dass ich Dich an die Hand nehme, damit Du Dein Leben selbst in die Hand nehmen kannst. Ich weiß, Du hast keine Zeit zu verlieren. Für den Einstieg passt folgende Geschichte von Hans Kruppa: (Lit. 1)

Solange Du an das Leben glaubst
„Warum sind so viele Menschen unglücklich?", fragte eine junge Frau den Meister.

„Das kann viele Gründe haben", entgegnete er. „Einer der häufigsten liegt darin, daß sie nicht so leben, wie sie leben sollten. Jeder Mensch ist einzigartig und hat einen einzigartigen Lebensweg. Doch wenn er diesen Weg nicht geht, sondern aus Unsicherheit, Angst oder Bequemlichkeit in die Fußstapfen anderer tritt, wird er unglücklich.

Unglück ist oft nur ein anderes Wort für das Verfehlen des eigenen Lebenssinns. Sei so, wie du gemeint bist, lass dich nicht verbiegen, bleib deiner Seele treu – und das Glück wird dein Freund sein!"

„Woran erkennt man unglückliche und glückliche Menschen? Viele Menschen verbergen ihr Unglück aus Scham; und manche verstecken ihr Glück, um es vor Neid und Missgunst zu schützen", sagte die junge Frau.

„Man kann sie leicht voneinander unterscheiden", antwortete der Meister. „Unglückliche fordern, Glückliche schenken. Unglückliche wollen besitzen, Glückliche möchten lieben. Unglückliche wollen bestimmen, Glückliche lassen dem Leben seinen Lauf. Unglückliche wollen Sicherheit, Glückliche suchen das Leben. Unglückliche laufen der Zeit hinterher, Glückliche gehen mit ihr Hand in Hand."

Die Besucherin nickte lächelnd. „Wie kommt es nur, daß ich das Gefühl habe, daß das Leben selbst durch deinen Mund zu mir spricht?"

Der Meister zuckte mit den Achseln. „Ich weiß es nicht. Vielleicht, weil ich nie den Glauben an das Leben verloren habe, obwohl ich gute Gründe dafür gehabt hätte. Vielleicht, weil ich das Leben immer geliebt habe, trotz aller Schicksalsschläge, die ich hinnehmen musste. Und wer muß sie nicht hinnehmen? Jeder Mensch wird vom Leben geschlagen, manchmal auch getreten, aber er darf nie vergessen, daß er auch vom Leben umarmt und geküsst wurde – oder noch werden kann. Solange du an das Leben glaubst, ist alles möglich."

Das ist mein Atemzeichen.

Immer, wenn dieses Zeichen erscheint, schenke Dir selbst den Augenblick. Atme ganz bewusst einmal tief durch die Nase ein und wieder aus. Das sanfte längere Ausatmen signalisiert unserem Gehirn: Es ist alles gut. Hier bist Du in Sicherheit und kannst Dich entspannen.

1.1 Was ist eine Depression?

Wer krank ist, hat nur einen Wunsch.
Wer gesund ist, hat viele Wünsche.
Dieter Lange

Das Wort Depression leitet sich vom lateinischen „deprimere" ab und bedeutet „niederdrücken". Typische Symptome sind eine gedrückte Stimmung, ständiges Kreisen der Gedanken bzw. ständiges Grübeln, Niedergeschlagenheit, länger anhaltende Traurigkeit, ein verminderter Antrieb – keine Lust zu gar nichts.
Ich hatte das unangenehme Gefühl der inneren Leere.

Exkurs:
Blicken wir kurz in die Wirtschaft. Die Depression folgt, ökonomisch betrachtet, auf die Rezession und wird – nach Durchschreiten ihres Tief-punktes – abgelöst durch die Phase der Erholung bzw. des allmählichen Aufschwungs.

Diese Perspektive war ein Baustein, der mir half, weiter nach vorn zu schauen.
Jeder Mensch kann gelegentlich schlechtgelaunt, pessimistisch oder niedergeschlagen sein. Das ist kein Drama. Depression ist laut Weltgesundheitsorganisation (WHO) eine seelische Krank-heit, und jeder Mensch kann in diesen Zustand geraten, unab-hängig von der sozialen Schicht oder dem Einkommen. Eine Depression ist eine extreme Herausforderung im Leben des Be-troffenen.
Betroffen sind nicht wenige Menschen. Depressionen zählen zu den häufigsten und folgenreichsten psychischen Störungen. In Deutschland sind 8,1 Prozent der Erwachsenen von depressi-ver Symptomatik betroffen. Bei 10,2 Prozent der Frauen wird die Erkrankung diagnostiziert, bei Männern sind es 6,1 Prozent. (Lit. 2)

Aus schamanischer Sicht betrachtet, liegt der Grund jeder Depression im Verlust der Anbindung der eigenen Seele. Viele leiden unter Depressionen, sie ist eine der größten Herausforderungen unserer Zeit. Fast 500 Millionen Menschen weltweit sind betroffen.

Genauso habe ich mich gefühlt: ohne Seele, wie verlassen von mir selbst. (Lit. 3)

1.2 Das internationale Klassifikationssystem ICD-10 ...

... ist ein Instrument, das Ärzten helfen kann, anhand gleichzeitig auftretender Symptome Krankheiten zu diagnostizieren. Es definiert die psychische Störung wie folgt:

F32 Depressive Episode/Depression

(...) Der betroffene Patient leidet unter einer gedrückten Stimmung und einer Verminderung von Antrieb und Aktivität. Die Fähigkeit zur Freude, das Interesse und die Konzentration sind vermindert. Ausgeprägte Müdigkeit kann nach jeder kleinsten Anstrengung auftreten. Der Schlaf ist meist gestört, der Appetit vermindert. Selbstwertgefühl und Selbstvertrauen sind fast immer beeinträchtigt.

Sogar bei der leichten Form kommen Schuldgefühle oder Gedanken über die eigene Wertlosigkeit vor. Die gedrückte Stimmung verändert sich von Tag zu Tag wenig, reagiert nicht auf Lebensumstände und kann von so genannten „somatischen" Symptomen begleitet werden wie Interessenverlust oder Verlust der Freude, Früherwachen, Morgentief, deutliche psychosomatische Hemmung, *Agitiertheit, Appetitverlust, Gewichtsverlust und Libido-Verlust.) (...)

1.3 Mögliche Hintergründe

Ein Burnout, der Verlust eines geliebten Menschen, Verlust des Arbeitsplatzes, Verlust einer Immobilie, eine Scheidung oder eine Trennung, medialer Medienkonsum, eine Krankheit oder schwerwiegende klinische Diagnose (bei Dir/Deinem Partner oder einem Familienmitglied), finanzielle Nöte, eine unvorhergesehene Änderung der Lebensumstände, ständiger Leistungsdruck, aufgelöste familiäre Strukturen, wenig reale Sozialkontakte oder eine berufliche Insolvenz ... können eine Depression auslösen.

Betroffene Menschen verfügen aufgrund verschiedener Faktoren über eine geringere Toleranz gegenüber seelischen, körperlichen und biografischen Belastungsfaktoren als gesunde Menschen. Diese besondere Verletzlichkeit spielt bei dem Ausbruch und der Aufrechterhaltung einer Depression eine große Rolle. Als Auslöser einer depressiven Episode wirken meist persönlich belastende Ereignisse oder Überforderungssituationen. Auf diese reagieren mögliche Risikopersonen sensibler als andere Menschen. (Lit. 5)

Häufigste Ursache für Depression:

Eine genetische Veranlagung, neurobiologische Störungen, sowie bestimmte Entwicklungs- und Persönlichkeits- sowie psychosoziale Faktoren bilden die Basis der meisten Erklärungsmodelle für Depressionen.

1.4 Wie ich die Depression erlebte

Ich wusste nicht, dass ich mitten drin war. Ich hatte in kurzer Zeit zehn Kilo abgenommen, ging zur Allgemeinärztin und sagte: „Irgendetwas stimmt mit mir nicht!" Sie schickte mich zuerst zur Radiologie nach Berlin. Die Schilddrüse war in Ordnung. Die inneren Organe wurden mit Ultraschall kontrolliert. Alles gesund. Dann fragte sie nach den Lebensumständen. Ich erzählte ihr: „Ich finde keine Wohnung, ich fühle mich auf Arbeit überfordert und unser Vater liegt als Pflegefall zu Hause."

Daraufhin sagte sie: „Frau Buzin ich schicke Sie zu einem Facharzt, einem Psychiater. Ich gebe Ihnen eine Telefonnummer mit."

Innerlich schluckte ich. Ich wusste nicht, dass es so schlimm um mich stand. Ich nickte nur und ging nach Hause, um den Psychiater anzurufen.

Gefangen in zehn Monaten Depression machte ich nur das Nötigste an Körperpflege und Ernährung. Ich habe beispielsweise meine Bettwäsche wochenlang nicht gewechselt. Es war mir egal. Ich zog mich zurück von meinen sozialen Kontakten und fühlte mich als Verlierer, als wertlos. Auf die Frage: „Wer bin ich?", hatte ich keine Antwort.

Es war der tiefste Punkt in der Sinuskurve meines Lebens und zeigte an, dass etwas nicht nach Plan lief.

Doch die Sprache des Lebens ist positiv. Das heißt, Du, ich und jeder Mensch hat ein Geburtsrecht auf ein glückliches, leichtes und sorgenfreies Leben. Schritt für Schritt entwickelte ich eine neue Einstellung in mir: „Ich erlaube mir, dieses Recht wieder in Anspruch zu nehmen. Es steht mir zu!"

Genauso steht es Dir zu. Ich verstehe jetzt den „Rückzug in die Depression" als Suche nach meiner eigenen Orientierung.

Ich wusste, dass ich mich erst wieder meiner Umwelt öffnen werde und kann, wenn ich für mich und für mein Leben einen persönlichen Sinn und eine mögliche eigene Richtung gefunden habe. Mich beschäftigte neben tausend anderen Fragen die Frage: „Wie bin ich da hineingeraten? Wie konnte das alles geschehen, ohne dass ich es mitbekam?" Die schlichte Antwort: Es war ein Prozess, der sich über viele Jahre hinzog und mich langsam mehr und mehr vereinnahmte.

Vera Birkenbihls Ansicht ist elementar.

Wir seien alle mit einem Potential auf die Welt gekommen, so die Meinung der Trainerin und Autorin. Als Homo Sapiens –

auch „moderner Mensch" genannt – seien wir naturgemäß kreativ, intelligent, erfolgreich und zufrieden. Dann wurden wir „erzogen". Wir mussten uns an das „Normale" anpassen, alles Sperrige und Kantige hat man uns abtrainiert. Haben wir trotzdem Wege gefunden, unser Potential zu entfalten? Haben wir Wege gefunden, das zu entwickeln, was in uns ist? Entfalte Deine Talente, denn sie sind schon da! Wenn wir unsere Talente nicht einsetzen können, ist alles schwierig und braucht viel Zeit.

Nach Vera Birkenbihl liegt eine Ursache für Depression darin, dass wir zunehmend hilflos gemacht wurden. Wir bekommen so viele Dinge, die uns entmündigen. Alles ist mechanisch. Alles ist automatisiert. Hilflosigkeit macht uns krank! Die Anzahl der Depressiven hat stark zugenommen. Statistisch gesehen gilt z. B. für Menschen, die in den 60er Jahren geboren sind, dass 70 bis 80 Prozent von ihnen ein- bis zweimal in ihrem Leben einen depressiven Schub hatten oder haben. Antidepressiva sind das meistverkaufte Medikament. Antidepressiva kommen gleich nach Alkohol als Seelentröster. (Lit. 6)

Zweiter Schritt: Lass Dir helfen!

2. Wie kann ich professionelle Hilfe annehmen?

Wage den ersten Schritt, und ein Weg wird sich auftun.
Zen-Weisheit

Ich bin weder Medizinerin noch Psychotherapeutin, deshalb meine Bitte an Dich: Lass Dich unterstützen! Bist Du bereits längere Zeit depressiv, such Dir Hilfe! Nimm professionelle Hilfe in Anspruch! Auch wenn Du in der Woche zwanzig Telefonate führen musst, um einen Therapieplatz bei einem Psychotherapeuten zu bekommen. Ruf an, auch wenn es noch so anstrengend ist! Achte auf Deine innere Stimme. Achte auf Dein

Bauchgefühl. Du hast Anspruch auf vier Termine zum gegenseitigen Kennenlernen. Psychologen führen Gespräche. Diese Gespräche sollten wohlwollend und mitfühlend sein.

Du solltest Dich etwas besser fühlen, wenn Du aus der therapeutischen Sitzung kommst. Wenn sich irgendetwas komisch anfühlt, dann verabschiede Dich freundlich und deutlich von dieser Person.

Ich musste mich nach drei Sitzungen verabschieden. Nachdem ich mich von Beginn an bei der Psychotherapeutin unwohl gefühlt habe, sagte ich schließlich beim dritten Termin: „Frau S., mir ist bewusst, dass ich mit meinen Gedanken meine Zukunft forme. Aber im Moment fällt es mir so schwer, gute Gedanken zu denken."

Die Therapeutin sagte kopfschüttelnd: „Oh nein, Frau Buzin! So mächtig sind wir Menschen nicht!"

„Doch. Das sind wir."

Innerlich sagte ich mir: „Ich glaube, Frau S. braucht dringend eine Fortbildung." Dann wünschte ich ihr alles Gute und ging.

Das war mein Ausstieg aus der Therapie mit dieser Psychotherapeutin. Ich begann mühsam von vorn. Mein innerer Monolog klang ungefähr so: „Du hattest eine Therapeutin, warum bist Du denn nicht bei der geblieben? Meinst Du, Du findest so schnell eine andere? Du hast doch gesehen, was der Markt an Therapeuten gerade hergibt! Die meisten Praxen sind für die nächsten Monate ausgebucht. Privat zahlen, ja, das ginge, da wäre etwas frei. Willst Du das privat bezahlen? Nein! Jetzt musst Du wieder anfangen und wie ein Depp herumtelefonieren! Und dann hast Du wieder nur den Anrufbeantworter dran."

Gewissensbisse plagten mich weitere Tage: „War das jetzt ein Fehler, bei der Therapeutin abzusagen? Besser eine schlechte Therapeutin als keine, oder?"

Es war nicht leicht, eine neue Therapeutin zu finden. Wieder Absagen oder Warteliste. Ich suchte in Potsdam und Berlin. Doch aller guten Dinge sind drei. Endlich, die dritte Psychotherapeutin mit freien Kapazitäten, sogar Ärztin und Therapeutin in einer Person, war mein Lichtblick.

Hast Du ebenfalls Zweifel mit Deinem Therapeuten? Dann beginn von vorn und finde einen für Dich passenden Psychologen. Du wirst fündig werden. Vermutlich wird Dich Dein Hausarzt an einen Facharzt für Psychiatrie (Psychiater) überweisen. Er ist unter anderem zuständig für die Medikation, also die Tabletten. Von ihm bekommst Du die Arbeitsunfähigkeitsbescheinigung (AU) für den Arbeitgeber. Er schreibt Dich weiterhin krank. Im Notfall könnte er Dich in eine Klinik einweisen, wenn Du zustimmst.

Psychologische tiefgründige Gespräche sind beim Psychiater nicht vorgesehen. Jedoch ein guter Psychiater wird sich immer Zeit für Dich nehmen und Dir zuhören.

2.1 Die Diagnose akzeptieren

Sei Dir bewusst: Du bist nicht Deine Diagnose! Du bist nicht Deine Krankheit! Ich wiederhole: Du bist nicht Deine Diagnose!

Du hast eine Diagnose von Deinem Arzt erhalten. Deine Seele, Deine Psyche, je nachdem wie Du es nennen möchtest, schreit um Hilfe. Eine Depression dient als Schutzfunktion unseres Körpers.

Nichts läuft immer wie am Schnürchen. Hirn und Herz wollen Dich in schweren Zeiten beschützen.

Verstehe die Sprache Deines Körpers! Stell Dir vor, Dein Körper spricht zu Dir: „Ich will Dich jetzt wachrütteln! Merkst Du nicht, dass Du Dir nichts Gutes antust, wenn Du Dein Leben so weiterlebst?"

Akzeptiere, dass Du momentan depressiv bist. Und finde heraus, ob Deine Seele in einer Depression gefangen ist. Mach Dir bewusst: Nur eine klare und ehrliche Bestandsaufnahme kann Dir helfen, die richtigen Mittel zur Heilung zu finden.

Dritter Schritt: Die ehrliche Bestandsaufnahme

3. Bin ich in einer Depression?

In dem Moment, als ich sagte: „Ich brauche Hilfe", wusste ich, dass es mir besser gehen würde, und ich war auch entschlossen dazu. Es war einfach eine Erleichterung, das zu sagen.
Elton John

Stellen wir zunächst allgemein die Frage: Welcher Typ Mensch neigt zur Depression? Die Antwort: Dazu zählen vor allem Menschen, die sich tendenziell oft Sorgen machen, kaum Selbstbewusstsein haben, empfindlich auf persönliche Kritik reagieren, perfektionistisch, selbstkritisch oder pessimistisch sind.
(Lit. 4)

3.1 Selbsttest: Gefühlslage allgemein (Arbeitsblatt):

Wie geht es mir jetzt gerade? (Finde Gefühlswörter!)
Wie geht es mir seit längerem? (Finde Gefühlswörter!)
Sind meine Beziehungen also Freunde/Familie/Umfeld gesund? (Ja/Nein?)

Ernähre ich mich gesund? (Was esse ich regelmäßig?)
Bewege ich mich häufig? (Was mache ich genau?)
Mache ich täglich mindestens 30 Minuten in irgendeiner Form Sport? (Sei ehrlich zu Dir!)

Welche Werte habe ich? (Nenn sie!)
Welches Ziel verfolge ich? (Nenn es!)
Wie ist meine eigene Haltung/Einstellung zu mir und zum Leben allgemein? (Nenn sie!)

In welcher Energie/Schwingung/Frequenz bin ich? (Lit. 7)

In welcher Energie/Schwingung/*Frequenz will ich ab jetzt sein? (niedrigschwingend/hochschwingend?)

Kann ich Dankbarkeit empfinden? (Ja/Nein?)
Wofür bin ich dankbar? (Zähle drei Dinge auf!)

Schlafe ich gut ein?
Schlafe ich durch?
Wie atme ich? (Beobachte Deinen Atem. Achtung: Nichts verändern, nur beobachten.)
Atme ich tief und ruhig? Atme jetzt bewusst.

Kann ich klar und entschieden „Nein!" zu Dingen sagen, die mir nicht guttun, die ich nicht will?
Kann ich entschieden „Ja!" zu mir sagen?
Gehen mir sorgenvolle Gedanken durch den Kopf?
Wie fühle ich mich genau in diesem Augenblick? (Finde Gefühlswörter!)

Persönliche Notizen

3.2 Selbsttest: Gefühlslage (Arbeitsblatt)

Ich kann nichts mehr fühlen. Ich habe keinen Appetit.
Ich esse kaum. Ich habe extrem abgenommen.
Mein Kühlschrank ist leer. Ich habe keine Kraft.

(Vielleicht trifft für Dich beim Essen genau das Gegenteil zu? Dann geht es um emotionales Essen. Du würdest in diesem Fall sagen: Ich kann nicht mehr aufhören zu essen. Ich habe extrem zugenommen. Im Essen finde ich Trost und fühle mich etwas besser.)

Ich kann nicht mehr lachen. Ich kann nicht mehr weinen.
Ich kann mich nicht entscheiden – weder für noch gegen etwas. Ich kann gar nichts mehr.
Ich fühle eine innere Leere. Ich fühle nichts. Das macht mir Angst.
Ich kann im Moment nicht mit dem Auto/Bahn/Bus/Tram fahren. Wenn ich mit dem Rad fahre, geht das automatisch. Ich achte kaum auf den Verkehr. Ich schaue ins Leere.

Ich habe Schwierigkeiten, meine Wohnung zu verlassen, weil sich dann Magen bzw. mein Darm melden.

Ich meide Menschen.
Ich meide Blickkontakt. Mir ist derzeit alles egal.
In einer Unterhaltung fällt mir nichts zum Thema ein.

Ich habe das Gefühl, dass „Dämonen" in meinem Kopf und Körper sind.
Ich schreie sie an, dass sie mich in Ruhe lassen und verschwinden sollen.
Ich frage mich: „Werde ich langsam verrückt?"

Ich habe nervöse Ticks. Ständig fummle ich an mir herum, mal mit den Fingern im Gesicht, mal in meinen Haaren. Permanent sammle ich meine langen Haare von meiner Kleidung ab. Das nervt mich selbst, aber aufhören kann ich damit nicht.

Wenn ich meine Hände beobachte, fällt mir auf, dass ich meine Finger ungelenk zusammenführe und halte. Als wüsste ich nicht, wohin mit meinen Händen und mit meinen Fingern.

Ich fühle mich hoffnungslos, kraftlos und mutlos.
Wenn ich mich im Spiegel anschaue, dann sehe ich blass und gealtert aus. Ich gefalle mir gar nicht mehr.

Ich habe keine Freude an Dingen, die mir früher Freude bereitet haben.

Ich grüble und grüble und finde einfach keinen Schlaf.
Morgens bin ich so erschöpft und muss mich zwingen, aufzustehen. Ich denke: „Das ist doch kein Leben!"

Ich frage mich: „Wie lange kann ich so leben?"
Ich habe häufig selbstzerstörerische Gedanken. Alles ist mühevoll.
Ich habe keine Lust zum Backen, Kochen, Lesen, Schwimmen, Sport machen, Singen oder Musizieren.

Ich habe keine Lust zu gar nichts mehr. An ganz dunklen Tagen sehe ich keinen Sinn mehr im Leben.

Dann denke ich: „Was soll ich noch hier? Niemand wird mich vermissen. Das Leben ist so schwer. Ich kann nicht mehr. Ich will nicht mehr. Wo, verdammt nochmal, ist die Leichtigkeit? Wo ist das Licht?"

Hast Du ähnliche Gedanken und Gefühle? Oder hast Du noch andere Gedanken?

Schreibe Deine Gedanken auf. Jetzt.

3.3 Geht Leichtigkeit in belastenden Zeiten?

Die Welt wird immer unsicherer und das Leben immer anstrengender?

In Anbetracht von immer mehr Krisen und Katastrophen ist das eine nachvollziehbare Sichtweise. Nein, ich sage Dir jetzt nicht, dass alles gar nicht so schlimm ist und Du das Positive sehen sollst. Im Gegenteil: Akzeptiere das Leid, verstehe Probleme. Verstehe auch, dass es weiterhin Raum für Leichtigkeit, Ausgelassenheit, Unsinn und Verspieltheit geben darf und muss.

Gerade in einer Welt, die scheinbar immer anstrengender, härter und ungerechter wird, sind diese Gegenpole der Heiterkeit wichtige Kraftpole. Es ist leicht, in eine grimmige Grundstimmung aus Zynismus zu verfallen.

Emotionale Entlastung wirkt dann wie ein unangebrachter Fremdkörper: „Das gehört sich nicht!", sagt die innere Stimme. Hier kann helfen, sich bewusst zu gestatten, immer wieder das aktive Loslassen belastender Themen zu üben, gerade weil vieles so düster aussieht. Vielleicht kannst Du Dir Zeit nehmen, Deine Gedanken einmal aufzuschreiben.

Studien zeigen immer wieder, dass dies eine der effektivsten Formen der Aufarbeitung negativer Emotionen ist. Es gibt hingegen keinerlei Hinweise, dass man mehr Gutes bewirkt oder mehr Kraft für Herausforderungen hat, wenn man sich konstant mit ihnen auseinandersetzt. Deine Beschäftigung mit diesen Emotionen ist also keine Ignoranz, sondern ein mündiger Umgang mit den eigenen Ressourcen. (Lit. 8, Lit. 9)

3.4 Depression durch die Medien?

Vergleichst Du Dich häufig mit anderen Menschen, anstatt Dich zu fragen: „Wie geht es mir gerade?" Bist Du ständig an deinem Handy, am Mobiltelefon? Stehst Du auf Posts von retuschierten, gefakten (gefälschten) Fotos, mithilfe von Weichzeichner und Foto-Shop? Hängst Du in der virtuellen Welt fest? Bist Du süchtig nach „Likes" für Deine eigenen retuschierten Fotos? Verlierst Du immer mehr den Bezug zur Realität?

Hast Du FOMO? = Fear Of Missing Out, übersetzt: Angst, etwas zu verpassen.

Das Gegenteil von FOMO ist JOMO = Joy Of Missing Out, übersetzt: Freude, etwas zu verpassen.

Schaust Du (noch) Nachrichten und Werbung? Siehst Du Dir dreißig Minuten täglich negativen Müll an? Wie geht es Dir dabei? Kannst Du neutral bleiben? Ja oder Nein?

Tipp: Wenn Du nicht in der Lage bist, Nachrichten und Werbung neutral zu betrachten, schaue sie Dir nicht an. Sobald Nachrichten etwas in Dir auslösen, ein Gefühl, einen Groll oder negative Gedanken – das zieht Dich herunter. Deine *Frequenz sinkt. Darauf kommen wir gleich zu sprechen.

Was die Nachrichten angeht: keine Sorge. Du bekommst immer alle Informationen, die wichtig sind, ganz automatisch mit.

3.4.1 Werde ich wieder ganz „normal"?

Beantworte für Dich die Frage: Was ist „normal"?

Experten sind sich einig: Depression ist heilbar.

Studien haben gezeigt, dass depressive Erkrankungen grundsätzlich gut behandelbar und auch heilbar sind, wenn sie rechtzeitig erkannt und mit einer anerkannten Therapie behandelt werden.

Verabschiede Dich jedoch von dem Gedanken, dass Dich irgendjemand wieder heil macht. Kein Arzt, kein Therapeut kann Dich heil machen. Du selbst hast es in der Hand.

Durch Dein aktives Mitwirken wirst Du wieder „normal" werden, genauso wie andere Menschen auch. Ich sage in diesem Zusammenhang gerne: Oder Du wirst und bist anders normal. Das ist völlig in Ordnung. Wir sind alle unterschiedlich.

3.5 In welcher Frequenz bist Du?

3.5.1 Gefühle und ihre Energien

Viele Menschen strahlen negative Energien aus. Nach jedem zerstörerischen Wutausbruch sagen sie vielleicht: Ich brauche das, um mich abzureagieren. Bei den kleinsten Fehlern, Abweichungen von einer scheinbaren Norm oder bei Kritik schämen sie sich zu Tode und brauchen übermäßig lange, um wieder in ein positives Selbstbild zu finden.

Wenn Menschen bei scheinbar nichtigen Anlässen unangemessen ausflippen oder permanent am Boden zerstört sind, haben sie nicht gelernt, ihre Gefühle zu regulieren. Dann schlägt die Erregungskurve zu hoch oder zu tief aus und es dauert sehr lange, bis sie wieder in das normale Energielevel zurückfinden. Oft entfalten zudem alte Programme ihre zerstörerischen Wirkungen, sind alte Verletzungen nicht geheilt und alte Zuschreibungen liegen tief im Unbewussten.

Gefühle sind eine Reaktion auf einen Reiz und per se nicht negativ oder positiv. Gefühle erzeugen Energie, sie bringen uns in Bewegung – oder sie reizen überstark, überschwemmen oder lähmen uns. Wenn unser Gefühlsmanagement intakt ist, helfen sie uns, auf Herausforderungen angemessen zu reagieren.

Wie wir mit unseren Gefühlen umgehen, lernen wir in den ersten Lebensjahren von unseren engsten Bezugspersonen. Vielleicht hatte diese Person – Mutter, Vater, Großeltern – selbst keinen angemessenen Umgang mit ihren Emotionen lernen können? Diese Prägung sitzt tief, weil wir sie in der vorsprachlichen Lebensphase erwerben. Deshalb können wir nur schwer in Worte fassen, was uns bewegt.

Doch sie ist nicht in Stein gemeißelt. Du kannst sie verändern. Du bist Deinen Gefühlen und den Energien, die sie erzeugen, nicht hilflos ausgeliefert. Wenn Du Deine Gefühle wahrnimmst und richtig deutest, kannst Du ihre Energien nutzen. Dann schwingst Du in einer positiven Frequenz. Dann können sie Dir

Kraft spenden und Dir eine Fülle schenken, die Du in die Welt geben kannst.

Menschen, die uns beeindrucken, haben oft einen guten Umgang mit ihren Gefühlen gefunden. Sie haben einen gesunden Abstand, sie verlieren sich nicht in ihren Emotionen. Aus dieser Neutralität wächst Vertrauen, Gelassenheit, Optimismus, Verständnis, Güte und Liebe, allumfassend und zu sich selbst. Von der Sehnsucht, All-eins zu werden, erzählen die Geschichten um Buddha oder andere Erleuchtete. (interessant dazu auch Lit. 10)

Übung

Meditiere! Nimm Deine Gedanken und Gefühle wahr – und lass sie weiterziehen. Stelle Dir vor, dass alles, was Dich bewegt, wie Wolken am Himmel oder wie ein Blatt auf dem Wasser an Dir vorübertreibt.

Vierter Schritt: Entscheide Dich für Dich

4. Was tun, wenn ich in einer Depression bin?

Folgende Möglichkeiten oder Aktivitäten können Dir bei einer Depression helfen:
- Gang zum Hausarzt, Psychiater
- *Psychotherapie
- *Verhaltenstherapie
- *Familientherapie
- *Selbsthilfegruppe
- Reden/verständnisvolle Gespräche mit Freunden/Familie

- Medikamentöse Therapie mit Antidepressiva
- Kombination aus Psychotherapie und medikamentöser Therapie
- Entspannungstechniken erlernen und regelmäßig anwenden, zum Beispiel:
  - Progressive Muskelrelaxation nach Jacobson
  - Autogenes Training nach Schulz
  - Tiefenentspannung nach Milton H. Erickson
  - Lichttherapie
  - Bewegungstherapie, Sport, Schwimmen
  - Yoga, QiGong oder TaiChi
- Tagebuch schreiben, *Poesie- und Literaturtherapie
- *Ergotherapie: künstlerische Gestaltungsmöglichkeiten
- Handarbeiten wie Töpfern, Stricken, Nähen, leichte Haus- und Gartenarbeit.
- Tanzen, (Chor-) Singen, Tönen und Musizieren
- *Hypnose und Hypnotherapie
- Massagen
- Waldspaziergänge, barfuß laufen im Wald („sich erden")

Die Aufzählung ist nicht vollständig. Finde selbst heraus, was Dir guttut!

4.1 Vorbereitungen auf eine akute Krise

Bereite Dich schon in guten Zeiten auf Krisen und Notfälle vor.
- Lerne, die ersten Anzeichen für einen depressiven Schub zu erkennen.
- Eigne Dir einfache Wahrnehmungs- und Atemübungen an und trainiere sie.
- Entwirf Dir einen Erste-Hilfe-Plan. Wen kannst Du anrufen, wenn es Dir schlecht geht? Was tut Dir gut: Atem- oder Wahrnehmungsübungen? Wechselduschen? Ein Spaziergang? Deine

Lieblingsmusik? Alte Tagebücher lesen? Bei der Deutschen Depressionshilfe findest Du einen Krisenplan zum Download.
(Lit. 11)

• Habe immer eine Liste mit wichtigen Telefonnummern griffbereit. Zum Beispiel von Deiner Therapeutin, von Deinem Hausarzt oder von Ansprechpartnern aus Selbsthilfegruppen. Auch die Nummer einer Taxi-Zentrale sowie etwas Taxigeld kann sinnvoll sein.

Wichtige Telefonnummern und Informationen findest Du am Ende des Buches.

Sich auf eine Krise vorzubereiten bedeutet, dass Du nicht mehr bereit bist, Dich ihr wehrlos auszuliefern. Jetzt weißt Du: Du kannst etwas tun! Triff die Entscheidung Deines Lebens. Stärke Dein Selbstbild und verändere es positiv. Die folgenden Übungen können Dir dabei helfen.

4.2 Wie treffe ich die Entscheidung für mich?

Ob Du glaubst, Du kannst es oder ob Du glaubst, Du kannst es nicht –
Du wirst gewöhnlich recht behalten.
Henry Ford

Die Grenzen meiner Gedanken sind die Grenzen meiner Welt und bestimmen mein Leben, mein Schicksal. Ich treffe eine Entscheidung, und zwar eine Entscheidung für mich.

Ja, ich will leben!

Ich entscheide mich für das Leben, für die Liebe und für Vertrauen.

4.3 Übung: Spiegel

Ich stehe vor dem Spiegel im Bad oder Schlafzimmer, schaue mir selbst in die Augen und sage deutlich und hörbar laut:
Ich entscheide mich heute für das Leben.
Ich entscheide mich heute für die Liebe.
Ich entscheide mich heute für Liebe und Vertrauen.
Wiederhole diese Sätze dreimal oder öfter, wie eine Schallplatte, die einen Sprung hat.
Vielleicht ist Dir zum Schreien zumute. Dann schreie, dann brülle die Sätze.
Mache die Übung täglich – früh-mittags-abends.

4.4 Übung: Absichtserklärung

Ich sage deutlich und hörbar laut:
Ich habe die Absicht, ab heute gute, aufbauende Gedanken zu denken, die mir Kraft, Mut und Zuversicht geben.
Auch wenn ich es noch nicht fühlen und nicht glauben kann, dass es eine Verbesserung für mich geben wird.
Ich bleibe dabei.
Frage: „Wie will ich mich zukünftig sehen?"
Antwort: „Ich will mich froh und zuversichtlich sehen."
Frage: „In welcher Energie will ich heute sein?"
Antwort: „Ich will in einer positiven und hohen Energie sein."
Ich weiß und verstehe: Es ist Üben. Es ist hart. Es ist Fleiß. Und warum lohnt es sich, die Reise nach innen anzutreten? Ich mache es für mich.
Ich habe die Absicht, es zu schaffen.
Ich weiß noch nicht wie, doch ich schaffe das.
Ich kann das.

4.5 Übung: Ich zeige mich

Ich will wahrgenommen werden. Mich übersieht keiner mehr.

Ich beschließe, sichtbar zu sein! Mein Wunsch, als Schmetterling zu leben, bringt mich dazu, mein Leben als Raupe aufzugeben.

Ich werde sichtbar. Besser noch: Ich bin sichtbar.

Ich zeige mich verbal. (Ich kann zum Beispiel so damit beginnen: Ich rede einfach immer mit, z. B. „Das sehe ich auch so", oder „Das sehe ich anders.")

Ich zeige mich mit Ecken und Kanten. Ich sage meine Meinung. (Tipp: Stichle ruhig mal ein bisschen. Provoziere spielerisch. Necke auch mal.)

Ich zeige Begeisterung. Körperlich: Meine Augen leuchten, meine Stimme ist fest und kraftvoll.

Ich zeige Begeisterung. Optisch: Ich trage leuchtende Farben. Unsichtbare Menschen werden als „Tapetenmenschen" wahrgenommen – nämlich gar nicht.

Ich bin ich. Ich bekenne Farbe. Ich stehe zu mir.

Ich bin es wert, positiv wahrgenommen zu werden.

(Lit. 12)

4.6 Transformation Deines Selbstbildes

Um Deine ganze Größe und Dein Original zu entdecken, brauchst Du ein komplett anderes Selbstbild. Finde den Mut, von der Raupe zum Schmetterling zu werden!

Die Raupe kennt nur ihre eigene Perspektive. Sie bewegt sich kriechend und nimmt ihre Umgebung nur von unten wahr. Eine Raupe kennt nur ihren Körper. Dass sie einmal ein Schmetterling sein, ihre Flügel ausbreiten und fliegen wird, weiß sie nicht. Sie denkt vielleicht von sich: „Ich bin nur eine kleine Raupe, ein grüner Kriecher, eine Fressmaschine. Niemand mag mich. Niemand beachtet mich."

Forscher haben versucht, den Prozess der Transformation zu beschleunigen, und Erstaunliches entdeckt: Sie haben die Öffnung des Kokons etwas aufgeschnitten. Doch es hat sich gezeigt: Der Schmetterling braucht einen engen Geburtskanal. Nur so kann er die Reste des Kokons abstreifen, die seine Flügel verkleben und ihn am Fliegen hindern.

Uns geht es wie dem Schmetterling: Niemand kann uns die Arbeit der Transformation abnehmen. Es gibt keine Abkürzung. Wir müssen uns durch die enge Öffnung quetschen, langsam und mühevoll, damit wir unsere volle Größe annehmen und unsere Flügel entfalten können.

Diese Entscheidung kannst nur Du treffen: Dich aus Deinem Kokon zu befreien und alles abzustreifen, was Dich als Raupe kleingehalten hat.

Vielleicht sagst Du Dir: „Och. Mir geht's eigentlich gut in meinem Kokon. Fliegen, nein – das ist nichts für mich." Schon dieser Gedanke zeigt, dass Dein Kokon Risse bekommt. Du kannst den Prozess nicht aufhalten oder rückgängig machen. Wenn Du Dich ihm verweigerst, wirst Du in Deinem Kokon verdorren.

Wir alle haben Angst vor Veränderungen. Angst und Zweifel gehören dazu. Sie sind berechtigt. Du weißt nicht, was Dich auf der anderen Seite erwartet. Was wird aus Dir, wenn Du Dich nicht mehr selbst kleinmachst, sondern strahlst und leuchtest? Wenn Du Deine Selbstzweifel überwindest und endlich fliegst? Erlaube Dir, Angst zu haben. Aber erlaube nicht, dass die Angst Dich lähmt.

Ein chinesisches Sprichwort sagt: Du kannst nicht verhindern, dass die Vögel der Besorgnis über Deinem Kopf kreisen. Aber Du kannst verhindern, dass sie sich in Deinem Kopf ein Nest bauen.

Du musst nicht alles auf einmal bewältigen. Gehe Schritt für Schritt. Beginne mit dem ersten Schritt. Du wirst genau so weit kommen, wie es Dir gerade möglich ist.

Hör auf Dein Herz und auf Deinen Körper. Sie sind mächtige und sehr kluge Verbündete. Sie werden Dich leiten. Sie kennen den Weg und warten bereits sehnsüchtig darauf, dass Du endlich Deine Flügel ausbreitest und fliegst. (Lit. 13)

4.6.1 Übung: Akzeptanz

Lange konnte ich meine Diagnose nicht akzeptieren. „Ich doch nicht!", habe ich gedacht, „mir passiert so etwas nicht!". Doch nur, wenn Du die Situation so annimmst, wie sie ist, kannst Du den Weg der Heilung gehen.

Sage deutlich und hörbar laut:
Ich bin nicht meine Diagnose. Bei mir wurde eine Depression diagnostiziert. Eine Diagnose kann ich annehmen. Sie gehört nicht zum Kern meines Wesens. Ich akzeptiere, dass meine Seele zurzeit krank ist. Ich aktiviere alle Hoffnung und allen Mut, um den Zustand des Leidens zu überwinden.

Ich entscheide mich jeden Tag neu für mich. Ich habe den festen Willen, meine Seele zu heilen.

4.6.2 Den Verstand benutzen

Von Henry Ford soll die Lebensweisheit stammen: „Love it, change it or leave it." Wenn Dir etwas im Leben nicht gefällt, hast Du immer die Wahl, die Situation anzunehmen (love it), sie zu verändern (change it), oder sie zu verlassen (leave it).

Mit anderen Worten: Du bist den Umständen nicht ausgeliefert. Die Entscheidung liegt in Deiner Hand. Du hast drei Optionen: Du kannst die Herausforderung annehmen und versuchen, positiv mit ihr umzugehen. Aber rede Dir nichts schön! Wenn Du Dich zu sehr verbiegen musst, ändere sie. Wenn Du sie nicht ändern kannst, lass los. Dafür musst Du zunächst die Lage bewerten und einschätzen, wie es Dir geht. Sei ehrlich zu Dir. Und dann triff Deine Entscheidung!

4.6.3 Den Verstand austricksen

Es ist ein Geschenk, dass wir den Verstand überlisten können. Der Verstand kann nicht unterscheiden zwischen Täuschung und Realität. Denk an all die Kinofilme, die wir uns ansehen! Wir wissen sehr genau, dass nur ein Film auf der Leinwand läuft, und können vor Freude weinen oder herzhaft lachen. Dennoch ist und bleibt es ein Film, der aus Licht und Schatten besteht. Nutzen wir diese Erkenntnis für die Heilung unserer Psyche, unserer Seele.

„Fake it till you make it."
„Fake it till you believe it."
Übersetzt:
„Tue so, **bis** Du es schaffst."
„Tue so, **bis** Du daran glaubst."
Noch klarer ausgedrückt:
„Believe it, till you achieve it!"
Übersetzt:
„Glaube daran, **bis** Du es erreichst."

Jeder Coach, vor allem für Spitzensportler, berät seine Klienten in der Weiterentwicklung, lässt sie sich vorstellen, dass sie als Sieger auf der Treppe stehen.

Das Gute ist, wir können Veränderungsprozesse eigenständig beginnen.

4.6.4 Ich übernehme Verantwortung

Jetzt ist es unmissverständlich klar:
Ich bin für mein Wachstum und meine Entwicklungs- und Veränderungsprozesse selbst verantwortlich.
Ich darf jetzt aufhören zu klagen.
Ich darf ins Handeln kommen.

Ich übernehme Verantwortung darüber, was ich denke und was ich sage, und somit auch, wie ich handle.

Ich übernehme Verantwortung für meine Gedanken und für meine Worte.

Ich beginne mit Gedankenhygiene. Das heißt, ich beobachte mich selbst beim Denken: Was denke ich? Ich höre mir selbst beim Sprechen zu: Was rede ich, und wie rede ich über mich?

Ich beginne, gut über mich zu denken und zu sprechen.

Wenn mein lieber Verstand wieder in negatives Grübeln verfällt, dann sage ich laut: „Stopp! Das reicht jetzt! Sind das liebevolle und lichtvolle Gedanken?"

Ich herrsche in meinem Tempel, ich gebiete über meinen Verstand – auch wenn der Verstand das eventuell anders sieht.

4.6.5 Jetzt geht es um mich

Ich mag die aufbauenden Sätze des Schweizer Psychotherapeuten Josef Giger-Bütler. Er beschreibt einen wichtigen und heilenden Schritt: den Perspektivwechsel. Lass die Worte auf Dich wirken! Tauche in die Imagination ein: Nicht die anderen stehen in Deinem Fokus, sondern Du kommst bei Dir an erster Stelle. Du sorgst selbst für Dein Wohl. Du findest und entwickelst Deine Stärken, Du suchst aktiv nach Quellen der Freude und Gelassenheit.

Wie fühlt sich das an: Du hörst auf Dich, liebevoll und achtsam. Du achtest auf dich, und wenn Dir Neues Angst macht, bestimmst Du das Tempo. Du erlaubst Dir, zu wachsen und Dich zu entfalten. Berührt Dich diese Vorstellung? Dann ist es Zeit, diesen Weg zu betreten.

„Ich nehme mich ernst. Es geht um mich. Ich bin wichtig. Ich kümmere mich um mich. Ich entscheide mich für mich. Ich spreche liebevoll mit mir selbst. Ich gebe mir liebevolle Aufforderungen. Ich helfe mir selbst und tue etwas dafür, dass es mir besser geht.

Ich gehe sorgsam mit mir um. Ich erlaube mir alles, was mich stärkt und bestätigt. Ich stelle mich ins Zentrum. Ich will ein gesundes und ganz 'normales' Leben führen. Ich möchte offen und frei sein für alles, was mir das Leben bietet.

Ich erlaube mir, in kleinen Schritten mein Leben zu gestalten und Entscheidungen zu treffen. Jetzt geht es um mich. Ich will, dass es mir gut geht! Ich bin mir wichtig und ich gebe mir einen Wert.

Mein Vertrauen wächst. Mein neues, positives und zuversichtliches Lebensgefühl macht mich dickhäutiger, belastbarer und zufriedener."
(Lit. 14)

Hast Du schon einmal einen Liebesbrief geschrieben? Dem anderen mitgeteilt, wie schön er oder sie ist, was Dich an der Person begeistert, warum Du sie einzigartig findest? Wie wäre es, wenn Du Dir selbst einen Liebesbrief schreiben würdest! Ein komisches Gefühl, oder? Versuche es einfach!

Du denkst vielleicht, wer nur an sich denkt, ist egoistisch. Doch es gibt einen gesunden Egoismus. Ich bin überzeugt: Wenn alle Menschen sich wirklich gut um sich kümmern würden – dann wäre unsere Welt eine bessere.

Sämtliche ungute Gedanken und Gefühlen nehme ich in Liebe und Mitgefühl an. Dann verabschiede ich mich von ihnen: „Danke, dass ihr da seid und mir zeigt, dass es noch viel zu tun gibt in meinem Inneren."

Jede Zelle meines Körpers atmet Freude und Leichtigkeit. Da will ich hin. Ich lasse mich leiten von der Weisheit meiner Seele, von meiner inneren wahren Intelligenz.

Was heißt wahre Intelligenz? Psychologen definieren Intelligenz als eine sehr allgemeine Fähigkeit, die verschiedene Kompetenzen umfasst, zum Beispiel Problemlösungskompetenz, abstraktes Denkvermögen, logisches Schlussfolgern, das Lernen aus Erfahrung und komplexes Sachverständnis.

Doch Intelligenz ist nicht alles! Denn jemand, der mit seinem Verstand etwas erschafft, was der Natur, den Menschen oder

Lebewesen schadet, ist nicht intelligent, sondern dumm. Zerstörung ist Dummheit. Wahre Intelligenz ist mit dem Herzen verbunden.

Fünfter Schritt: Atme!

5. Wie hilft mir die richtige Atmung?

Zur Ruhe kommen, in die Stille gehen, alle Sorgen und Zweifel in den Urlaub schicken und sich Luft verschaffen, durchatmen und verschnaufen. Die Gedanken ziehen lassen und fernab des Trubels seelenruhig den eigenen Träumen nachhängen.

Atmen ist lebenswichtig. Das weiß jedes Kind. So befördern wir den Sauerstoff aus der Luft über die Nase, Mund, Rachen, Kehlkopf, Luftröhre, Bronchien bis in unsere Lungen. Dort findet der Gasaustausch statt. Das heißt, Sauerstoff wird in unser Blut aufgenommen. Über unseren Kreislauf wird er zu den Zellen transportiert und an diese abgegeben. So einfach ist das. Oder nicht?

Wir atmen circa 20.000 Mal am Tag ein und wieder aus. Das Atmen müssen wir nicht lernen. Wir tun es automatisch, ohne darüber nachzudenken. Das Atmen hängt davon ab, wie alt wir sind oder wie wir uns gerade fühlen und bewegen. Bei kühleren Temperaturen im Winter wird unser Atem sogar sichtbar, zumindest beim Ausatmen.

Kinder atmen häufiger als Erwachsene. Bei Stress, oder wenn wir Sport machen, atmen wir flacher und schneller. Bei Entspannung atmen wir tiefer und langsamer. Kannst Du die Langsamkeit in dem folgenden Atem-Gedicht spüren?

Atem (von Hans Kruppa)

Am Ufer des Baches sitze ich und genieße
das Flüstern des Windes in den Bäumen,
das Gleiten der weißen Wolken am Himmel,
den Fluss des Wassers, den Tanz der Gräser.

Alles ist in schöner Bewegung, alles fließt,
ohne sich zu fragen, warum oder wohin,
folgt einfach dem Sinn, der es erfüllt.

Und ich schließe mich ihm an,
lege mich ins Gras,
vergesse meinen Namen, meine Gedanken,
bin nur noch Atem,
der tief und langsam geht –
ins Herz des Augenblicks.   *(Lit. 15)*

5.1 Rolle des Atmens

Wir können zirka vier Wochen ohne Nahrung auskommen.
Wir können zirka drei bis vier Tage ohne Wasser auskommen.
Wir können sogar ein paar Sekunden ohne Sauerstoff auskommen! Einige trainierte Menschen bringen es auf ein bis zwei Minuten. Trainierte Perlentaucher am Persischen Golf schaffen ohne technische Hilfsmittel sogar zirka fünf bis sieben Minuten. Der 36-jährige Schweizer Peter Colat schaffte beim Apnoe- oder Freitauchen sogar 16 Minuten. Das sind Ausnahmen!

Warum spielt das Atmen eine so untergeordnete Rolle in unserem Leben? Ich meine das bewusste Atmen – das müssen wir lernen.

In Stimm-Berufen wie Sänger/Schauspieler/Moderator lernen die Akteure, richtig bzw. ökonomisch zu atmen. Yogis, gesundheits- und körperbewusste Menschen wissen ebenfalls um den Nutzen der richtigen Atmung.

Im Studium Lehramt-Sonderschule gab es keinen Kurs: „Wie nutze ich die Atmung für mich?", oder „Wie spreche ich ökonomisch?", oder „Wie setze ich meine Stimme gut ein?". Ich erinnere mich an einen Ratschlag einer Seminarleiterin: „Wenn es mal gar nicht gut läuft, und ein Kind verhält sich völlig daneben, dann zählen Sie innerlich bis zehn und atmen Sie langsam tief ein und aus." Mehr wurde zu diesem Thema nicht gesagt.

Um Atmung und Stimme musste ich mich selbst kümmern. Glücklicherweise hatte die Gewerkschaft Erziehung und Wissenschaft (GEW) Berlin gute Angebote für das Sprech- und Stimmtraining, die ich regelmäßig besuchte.

Die Atmung spielt eine wichtige Rolle bei der Regulation unserer Emotionen. Durch eine bewusste und tiefe Atmung können wir unsere Emotionen besser kontrollieren und negative Gefühle wie Ärger oder Frustration reduzieren und im wahrsten Sinne des Wortes „weg-atmen".

5.2 Was bedeutet richtige Atmung?

Du atmest bewusst tief ein und aus.

Die meisten Menschen atmen flach, d. h. kurz und schnell statt tief und langsam. Durch die Atmung nehmen wir Sauerstoff auf und geben Kohlendioxid ab. Das ist für den Stoffwechsel und die Energieproduktion in unserem Körper unerlässlich wichtig.

Die richtige Atmung hat eine positive Auswirkung auf verschiedene Aspekte. Eine tiefe und kontrollierte Atmung kann dazu beitragen, Stress und Angst zu reduzieren, indem sie das parasympathische Nervensystem aktiviert und gleichzeitig beruhigt und den Körper in einen entspannten Zustand versetzt.

Die Atmung bringt den Körper in Harmonie und Du fühlst Deinen Körper besser. Du hast sofort eine bessere Verbindung zu Deinem Körper und somit mit Dir selbst.

Darüber hinaus kann die bewusste Atmung die Konzentration und Aufmerksamkeit verbessern. Indem wir uns auf unseren

Atemrhythmus konzentrieren, können wir unseren Geist beruhigen und uns besser fokussieren.

Eckhardt Tolle empfiehlt, den gegenwärtigen Moment anzuerkennen: „Sei dir Deiner Atmung bewusst! Fühle, wie die Luft in Deinen Körper ein- und ausströmt. Fühle die Energie in dir. Im wirklichen Leben ist dieser Moment das Einzige, um das Du Dich kümmern musst, kümmern kannst – im Gegensatz zu den Einbildungen des Verstandes.

Frage Dich, welches 'Problem' Du jetzt in diesem Moment hast, nicht nächstes Jahr, morgen oder in fünf Minuten. Was stimmt nicht in diesem Moment? Du kannst immer mit einem Jetzt zurechtkommen, doch nie mit der Zukunft – und das musst Du auch nicht. Die Antwort, die Kraft, die richtige Handlung oder die Mittel werden da sein, wenn Du es brauchst, nicht früher oder später." (Lit. 16)

5.3 Wirkungsvolle Atemtechniken

Die bewusste Atmung kannst Du leicht erlernen. Es gibt umfangreiche Atemtechniken. Ich reduziere mich auf vier verschiedene Atemübungen. Entscheide selbst, wann Du welche Atemübung praktizieren möchtest. Es gibt keine Rangfolge in der Wertigkeit. Machen wir es gleich praktisch.

Wichtig und wirkungsvoll: Atme vor jeder Übung einmal vollständig aus. Der Bauch zieht nach innen, bzw. der Bauchnabel küsst die Wirbelsäule.

5.3.1 Atemübung: Zählen

Du kannst dabei stehen oder sitzen.
Jetzt atme vorbereitend einmal vollständig aus.
Atme tief durch die Nase ein.
Zähle dabei innerlich: 1 – 2 – 3 – 4.

Atme durch den leicht geöffneten Mund (geräuschvoll und hörbar) aus.

Zähle dabei innerlich: 5 – 6 – 7 – 8 – 9 – 10.

Kurz innehalten (kleine Pause bzw. leerhalten) und die Übung wiederholen.

Wiederhole diese Atemübung vier Mal ganz bewusst. Lege Deinen Fokus auf Deine Atmung. Das braucht vielleicht ein wenig Übung. Fühlst Du Dich mit dem innerlichen Zählen sicher? Hast Du Deinen Rhythmus gefunden?

5.3.2 Zwanzig verbundene Atemzüge nach Hilde Light

Hier eine einfache und effektive Atemübung für jeden, für Dich, für Dein Kind oder Deine Kinder oder für die gesamte Lerngruppe:

Vier mal fünf verbundene Atemzüge, nur durch die Nase ein und ausatmen – dabei seitlich die einzelnen Finger mit dem Zeigefinger der anderen Hand langsam „abfahren":

hoch: einatmen, hinunter: ausatmen.

Den fünften Atemzug (jetzt beim kleinen Finger angekommen) machst Du ganz tief und lang.

(Lit. 17)

Folge dem Link oder scanne den QR-Code und mache gleich mit!

https://h-karin-buzin.wistia.com/medias/9lo84kdy9u

5.3.3 Atemübung: Yoga

Die Übung geht im Sitzen, im Stehen oder im Liegen. Probiere aus, wie sie für Dich am besten ist.

Atme zunächst vorbereitend vollständig aus.

Bauch: Lege eine Hand oder beide Hände flach auf den Unterbauch und atme durch die Nase bewusst tief in den Bauch ein. Atme durch den Mund vollständig aus. Achte darauf, dass das Ausatmen immer länger ist als das Einatmen. Du bist mit Deinen Gedanken jetzt bei Deinem Bauch. Wiederhole es vier Mal.

Rippenbögen: Lege beide Hände flach rechts und links an die Flanken und atme ganz bewusst tief ein und aus. Wiederhole vier Mal. Du bist mit Deiner ganzen Aufmerksamkeit in den Flanken. Das Ausatmen ist wieder länger als das Einatmen. In Gedanken bist Du jetzt bei Deinen Rippenbögen. Spüre, wie sie sich bei Einatmen heben und beim Ausatmen senken.

Brust: Lege nun eine Hand auf die Brust und atme tief in die Brust ein und aus. Das Ausatmen ist wieder länger als das Einatmen. Wiederhole es vier Mal. Konzentriere Dich voll und ganz auf Deine Atmung. In Gedanken bist Du jetzt bei Deiner Brust.

Bauch, Rippenbögen und Brust verbinden: Lege eine Hand auf den Bauch und eine Hand auf die Brust. Jetzt atmest Du in alle drei Bereiche gleichzeitig tief ein und aus. Das Ausatmen ist immer länger als das Einatmen. Wiederhole es vier Mal.
Halte nach dem vollständigen Ausatmen kurz inne (kleine Pause bzw. leerhalten) und lass den Atem kommen. Lass Dich atmen. Kannst Du spüren, wie Du vom Leben geatmet wirst? Du bist gedanklich jetzt vollkommen bei Dir.
Folge dem Link oder scanne den QR-Code und mach mit!

https://h-karin-buzin.wistia.com/medias/cf5ziopts8

5.3.4 Atemübung: Seelenkörper

Atme ganz bewusst vier Mal tief nacheinander in folgende Körperteile:

Beginne mit Deinem rechten Bein. Atme in Dein rechtes Bein hinunter, bis in Dein rechtes Knie, und weiter bis in Deinen rechten Fuß.

Analog: Atme in Dein linkes Bein, in Deinen rechten Arm, in Deinen linken Arm, in Deinen Unterbauch, in Deinen Oberbauch, in Deine Flanken, in Deine Brust, in Deinen unteren Rücken, in Deinen oberen Rücken, in Deinen Kopf, in Dein rechtes Auge, in Dein linkes Auge, in Dein Drittes Auge bzw. Deine Stirnmitte.

Gelingt es Dir die ganze Zeit, mit Deiner Aufmerksamkeit bei der Atmung zu bleiben? Wenn Du Dich dabei ertappst, dass Deine Gedanken abschweifen, dann hole Dich wieder liebevoll zurück zum bewussten Atmen. Akzeptiere, dass Abschweifen völlig normal ist. Beginne von vorne. Du kannst das. Zu viel? Zu schwer?

Wenn Dir das zu Beginn mit dem ganzen Körper zu viel ist, dann variiere. Verkürze die Übung einfach und nimm nach und nach weitere Körperteile dazu. Mach alles in Deinem Tempo und nimm Dir die Zeit, die Du brauchst.

5.3.5 Gedankenkontrolle

Die unguten Gedanken lassen sich nicht abschalten?
Bei Deinen Atemübungen werden Dir vielleicht immer wieder Gedanken kommen, vermutlich ungute Gedanken.

Dann erinnere Dich zuerst daran und sage Dir: „Ich bin nicht meine Gedanken. Ich habe Gedanken. Sie dürfen sein. Ich bin durchlässig und lasse sie durch mich hindurch. Ich lasse sie weiterziehen wie Wölkchen am Himmel. Ich lasse sie schwimmen wie kleine glitzernde Fische im Meer. Ich werfe sie allesamt in den Korb eines großen Heißluftballons und schicke sie in den Himmel."

Du kannst mit den Bildern nichts anfangen? Finde Dein eigenes Bild. Das ist am kraftvollsten. Imaginiere! Fantasiere! Stell es Dir vor. Du kannst Deine Gedanken kontrollieren. Du bist der Chef in Deinem Haus. Sage laut und deutlich: „Stopp!" – „Das reicht!" – „Jetzt übernehme ich wieder das Steuer!"

5.3.6 Atemübung: Variante 1

Einatmen:
Atme langsam durch die Nase ein.
Anstatt 1 – 2 – 3 – 4 zu zählen, denke jetzt:
„Ich atme Liebe und Vertrauen ein", oder „Ich atme neue Energie ein."

Ausatmen:
Atme durch den leicht geöffneten Mund aus. (Forme den Laut „f", also „fffffffffffffff").
Anstatt 5 – 6 – 7 – 8 – 9 – 10 zu zählen, denke: „Ich atme Angst und Unsicherheit aus", oder „Ich atme alte und verbrauchte Energie aus."
Wenn Dir die Wortwahl nicht zusagt, nimm Deine eigenen Worte. Sie sind am kraftvollsten.

Mache die Atemübung ganz bewusst vier Mal in Deinem Tempo. Beide Hände liegen auf Deinem Unterbauch. Spüre, wie sich Deine Bauchdecke hebt und senkt.

5.3.7 Atemübung: Variante 2

Wenn Du noch einen Schritt weitergehen möchtest, kannst Du Dir innerlich sagen:
Einatmen: „Ich atme Luft, Liebe und Licht ein."
Ausatmen: „Ich atme Alles aus, was nicht mehr zu mir gehört."
Mache die Atemübung ganz bewusst vier Mal in Deinem Tempo. Beide Hände liegen auf Deinem Unterbauch. Spüre, wie sich Deine Bauchdecke hebt und senkt.

5.3.8 Die natürliche Vollatmung

Diese Übung funktioniert am besten im Sitzen, entweder auf einem Hocker oder im Lotos- oder Schneidersitz. Du kannst auch stehen oder liegen.

Schau Dir einfach beim Atmen zu, ohne den Willen, etwas zu verändern oder zu verbessern. Dann atme einmal nur in den linken Lungenflügel. Hört sich schwierig an, ist ganz einfach. Atme nur nach links. Wir alle können das.

Wenn Du das ein paar Atemzüge geübt hast, atme einmal nur in den rechten Lungenflügel. Mit der Kraft Deiner Gedanken lenkst Du den Atemstrom, die Atemenergie.

Und jetzt atme einmal ganz bewusst in beide Lungenflügel gleichzeitig. Das machen wir doch immer, oder? Doch Du wirst spüren: Es ist ein anderer Atem.

Geh noch einen Schritt weiter: Atme einmal von der Mitte ausgehend, senkrecht nach unten in den Unterbauch, in das untere Dantian. Nach der Vorstellung der traditionellen chinesischen Medizin (TCM) ist das ein Energiereservoir, in dem sich die Qi genannte Lebenskraft sammelt. Es liegt etwa drei Finger-breit unter dem Nabel.

Lenke den Atemstrom weiter, als Deine Lunge reicht, zum Bei-spiel dorthin, wo Dein Körper auf der Unterlage sitzt oder auf-liegt. Atme einmal nach unten und lenke den Atemstrom ganz hinunter bis auf den Sitz.

Mit Deiner Vorstellungskraft aktivierst Du die Energie und lenkst sie durch Deinen Körper. Es verändert sich dadurch etwas in Dir. Spür dem nach! Wenn Du senkrecht nach unten atmest: Wie erlebst Du diesen Atem? Was macht das mit Dir? Wie fühlt sich Dein Körper an? Er richtet auf, ein Fundament trägt ihn, der Atem schafft Ruhe, Stabilität entsteht. Mit Deiner Atemlenkung aktivierst Du eine Kraft, die Dich stärkt und stützt.

Und jetzt das Gleiche nach oben: Atme einmal nach oben bis in den Kopf, an den höchsten Scheitelpunkt. In der TCM liegt am Wirbelpunkt das obere Dantian. Stell Dir einen Seidenfaden vor, der Dich an dieser Stelle mit dem Himmel verbindet – dann sitzt Du richtig aufgerichtet. Du nimmst positive Himmelsenergie auf. Was macht diese Art zu atmen mit Dir? Wie empfindest Du das? Vielleicht so: Macht leicht, ist angenehm.

Und jetzt in beide Richtungen gleichzeitig atmen. Von der Mitte ausgehend bis in den Kopf und zugleich nach unten bis an den Sitz. Was macht das? Es richtet aus, es richtet auf.

Wenn Du einmal niedergeschlagen bist, solltest Du so atmen. Es entlastet Dich.

Und jetzt erweitere Deinen Atem-Raum nach vorn und hinten, etwa um Armlänge. Atme gleichzeitig einmal nach vorn und nach hinten.

Erweitere Deinen Atem nach beiden Seiten rechts und links, in Armbreite. Und nun atme einmal von der Mitte aus nach allen Seiten gleichzeitig über den Kopf hinaus in Dein Energiefeld, in Deine Aura. Dein Atem-Raum ist größer als Dein Körper. Er füllt

Deine Aura, stärkt das Energiefeld, das Dich umgibt. Das ist die natürliche Vollatmung.

Bleibe so lange dabei, wie es Dir möglich ist. Atme bei jedem Atemzug von der Mitte ausgehend in Dein gesamtes Energiefeld. Wie fühlt sich das an? Vielleicht so: Kraftvoll, schützend. So zu atmen, ist eine ganz bestimmte Energiequalität, eine angenehme, stärkende, die sich einen Raum nimmt und ihn ausfüllt. Atme weit über Deine Lunge hinaus. Lenke Deinen Atemstrom in Dein Energiefeld.

(Lit. 18)

Sechster Schritt: Sag „Ja" zum Leben!

6. Affirmationen wirken auf das Unterbewusstsein

Niemand außer dir selbst kann Dich besser machen.
Alles ist in dir. Suche nichts außerhalb.
Miyamoto Musash

Affirmation oder lateinisch „affirmatio" heißt übersetzt Bejahung. Affirmationen funktionieren ähnlich wie ein Mantra. Mantras inspirieren, berühren, befreien den Geist. Affirmationen sind Bejahungen und in Ich-Aussagen formuliert. Sie stärken das Selbst und können helfen, das eigene Denken und Verhalten zu verändern. Die Routine täglicher Affirmationen hilft dabei, zu sich selbst zurückzufinden. Bei regelmäßiger Anwendung wirken Affirmationen bereits nach vier Wochen auf das Unterbewusstsein.

Das Unterbewusstsein lenkt und beeinflusst unser Leben. Doch im Alltag haben wir keinen einfachen Zugriff darauf – was uns geprägt hat, welche Erfahrungen und Glaubenssätze wir erworben haben, prägt unseren Weg. Was macht uns wütend? Was lähmt uns? Warum hadern wir mit uns und sind voller Selbstzweifel? Warum verlieben wir uns immer in die falsche Person? Warum tun wir Dinge, die wir nicht tun wollen, obwohl wir wissen, dass sie uns schaden? Die Gründe dafür liegen in unserer Vergangenheit und sind uns nicht bewusst.

Stelle Dir einen großen Eisberg im Ozean vor. Die über der Oberfläche sichtbare Spitze macht fünf Prozent des ganzen Eisbergs aus. Diese fünf Prozent stehen für unser waches Tagesbewusstsein. Die nicht sichtbaren 95 Prozent – das ist unser Unterbewusstsein.

Sämtliche Entscheidungen, Urteile und Bewertungen werden aus dem Unterbewusstsein getroffen – oft gegen unsere ureigenen Interessen. Mit Affirmationen können wir positiv auf unser Unterbewusstsein einwirken. Wie geht das?

Schreibe Dir die folgenden Sätze mit Deinem Lieblingsstift in Deiner schönsten Handschrift auf, oder drucke sie Dir aus. Lege das Blatt neben Dein Bett.

Sprich Dir diese Affirmationen jeden Morgen nach dem Aufwachen, deutlich hörbar vor. Geht es morgens nicht, dann sprich sie jeden Abend vor dem Einschlafen. Versuch es einfach! Wenn es wirkt – umso besser.

6.1 Affirmationen fühlen

Es folgen meine Sätze, die ich mir täglich gesagt habe.
Die Liste ist im Laufe der Zeit gewachsen.

Versuche, die Sätze in Dir zu fühlen:

Ich bin ich.
Ich bin okay, so wie ich bin.
Ich bin beweglich.
Ich bin sportlich.
Ich bin ehrlich.

Ich ehre und achte mich, so wie ich bin.
Ich entscheide mich dafür, mir selbst zu vertrauen.
Ich finde das Vertrauen in mir.
Ich kann das.
Ich finde den Halt in mir selbst.

Ich finde den richtigen Weg für mich.
Das Leben ist für mich.
Ich fühle mich wertvoll.
Ich bin genug.
Ich bin gesund.

Ich bin genau richtig, so wie ich bin.
Ich bin herzlich und gutmütig.
Ich bin hilfsbereit.
Ich bin ein kostbarer Mensch.
Ich bin kreativ.

Ich bin mein eigener Anker.
Ich bin mitfühlend.
Das Leben ist für mich.
Ich bin mutig. (Mut tut gut.)
Ich bin neugierig.

Ich bin offen für Neues.
Ich bin optimistisch. (Mein Glas ist halbvoll.)
Ich bin dankbar für das, was ich bereits habe.
Ich bin frei von der Vergangenheit.
Ich bin frei von den Erwartungen anderer.

Ich bin nicht meine Gedanken.
Meine Gedanken sind ein Konstrukt meines Verstandes.
Sie dürfen kommen und wieder gehen.
Ich bin wertvoll.
Ich kann fühlen, dass ich wertvoll bin.

Ich denke gut über mich.
Ich finde eine erfüllende Tätigkeit.
Ich bin zielstrebig.
Ich bin zuverlässig.
Ich erlaube mir, ins Vertrauen zu gehen.

Ich erlaube es mir, mehr und mehr zu vertrauen – mir selbst
und dem Universum.
Ich traue mich, die Vergangenheit loszulassen.
Ich glaube an die Kräfte in mir, die mich heilen.
Ich vertraue darauf, dass sich eine neue Tür für mich öffnet.
Ich bin gut zu mir selbst.

Ich vertraue darauf, dass sich ALLES zu meinem höchsten
Wohle entwickelt.
Ich baue jeden Tag ein kleines Steinchen von meiner Herzens-
mauer ab.
Ich kann das.
Ich baue jeden Tag ein kleines Steinchen von meiner Schutz-
mauer ab.
Ich kann das.
Ich bin genau richtig, so wie ich bin.
Ich mag mich.
Ich entscheide mich für mein Leben.
Ich bin ich.

Am Anfang konnte ich den Inhalt der Sätze überhaupt nicht
fühlen. Trotzdem machte ich weiter. Das Gefühl kam nach und
nach mit den Wiederholungen. Ich versichere Dir, dass Du darauf vertrauen kannst. Hierzu passt folgende Geschichte:

Selbstachtung

*„Ich habe solche Angst davor, etwas zu verpassen oder jemandem nicht
gerecht zu werden", sagte meine 16-jährige Nichte. „Ich fürchte mich vor
den vielen Möglichkeiten. Das alles macht mir so viel Angst, dass ich*

mich am liebsten verkriechen würde. Woher weiß ich, was gut für mich ist? Wer sagt mir, welche Richtung ich einschlagen muss?"

Das habe ich geantwortet:

„Ich verrate dir meinen Zauberspruch: Ich bin, wie ich bin – wie ich bin, bin ich wertvoll. Das sage ich mir immer, wenn mich Zweifel überkommen oder wenn mir jemand etwas einreden will, was seiner Meinung nach gut für mich ist. Mein Kompass steckt in meiner Brust. Das Wichtigste in meinem Leben bin ich.

Alles, was ich bin und erschaffe, gehört mir. Es macht mich stolz, dass ich so weit gekommen bin. Was ich erarbeite, erdenke und erzeuge, teile ich gern. Ich liebe die Fülle und das Üppige. Ich verschenke, aber nicht an irgendwen. Ich kenne meinen Wert und ich habe es nicht nötig, mich zu verscherbeln.

Ich habe gelernt, meine inneren Stimmen zu hören – auch die kritischen. Aber ich erlaube ihnen nicht, mich kleinzureden. Ich lebe mit ihnen in meiner Ich-WG. Herrin im Haus bin ich, denn ich zahle die Miete. Ich entscheide, welche Möbel wo stehen oder ob es Zeit für einen Tapetenwechsel ist.

Ich habe gelernt, dass ich nicht perfekt sein muss. Ich erlaube mir, Fehler zu machen, und manchmal, wenn es ungefährlich ist, zelebriere ich sie sogar.

Ich habe gelernt, meinen Fähigkeiten zu vertrauen. So viel schon habe ich geschafft und bewältigt. Und ich weiß, meine Kraft und meine Findigkeit reichen genau für die Herausforderungen, die auf mich zukommen. Mit jedem Sieg wachse ich und entfalte mich. Ich bemühe mich, jeden noch so kleinen Sieg zu würdigen.

Ich brauche mein Leben nicht danach auszurichten, ob ich anderen gefalle. Mir muss es gut gehen – darauf achte ich. Es geht mir gut, wenn es den Lebewesen um mich herum gut geht. Wenn alle das so halten würden, gäbe es keine Kriege, keine Not und keine Ausbeutung von Menschen, Tieren und Ressourcen. Denn ich bin Teil des Ganzen. Wenn ich für mich sorge, gibt es in diesem riesigen Universum zumindest ein Atom in einer guten Schwingung.

Ich habe gelernt, mein Herz zu öffnen – doch ich übernehme oder teile nicht alle Einstellungen und Haltungen. Liebe heißt nicht, sich *aufzugeben. Wer mir nicht guttut, von dem halte ich mich fern. Auch wenn dieser Mensch mir noch so sehr seine Liebe beteuert.*

Ich habe gelernt, die Zeichen zu lesen: Was ist es, das sich in mir sträubt? Wann ergreift mich Neid? Was genau macht mich wütend? Deshalb kann ich nachsichtig mit mir und mit anderen umgehen. Denn ich weiß: Hinter Wut, Neid, Angst oder Aggression verbergen sich Verletzungen, die heilen wollen.

Und ich habe gelernt, dass jede Entscheidung besser ist als keine Entscheidung."

Nein. Das habe ich nicht gesagt. Stattdessen habe ich gesagt:

„Ich könnte dir unendlich viele kluge Ratschläge erteilen, aber ich weiß: Du wirst sie nicht befolgen. Du wirst dieselben oder ähnliche Fehler machen wie ich. Das kann dir niemand abnehmen, denn nur so wirst du wachsen. Es gibt keine Sicherheit – nur eins ist gewiss: Jeder muss einfach loslaufen." (interessant dazu auch Lit. 19, Lit. 20)

6.2 Affirmationen für die Jackentasche

Ich habe mir Kärtchen hergestellt, die aussehen wie Vokabel-Kärtchen. Sie steckten immer in meiner Jackentasche. Allein das Anfassen tat mir gut, und das Wissen, dass sie immer bei mir waren.

Angst klopft an die Tür. Vertrauen macht auf. Niemand ist da.	Ich spüre, wie positive Energie und Kraft durch meinen Körper strömen.
Ich folge dem Hinweis, der klar und deutlich in meinen wachbewussten Verstand gelangt.	Ich sage offen und ungehemmt meine Meinung und kann sie überzeugend vertreten und begründen.
Mein höheres Selbst ist mein ständiger Begleiter und gibt mir ein gutes Gefühl.	Ich lebe in einer glücklichen Beziehung und erfahre Liebe und Respekt.
Ich genieße jeden einzelnen Tag meines Lebens.	Ich habe immer das richtige Wort auf den Lippen.
Wenn ich bedenke, wie gefährlich alles ist, brauche ich eigentlich nichts Besonderes zu fürchten.	Ich habe Freunde, die genau zu mir passen. Meine Welt ist reich und erfüllt, auf allen Ebenen meines Lebens.
Ich lasse die Angst zu und handle trotzdem.	Der beste Ausweg ist immer mittendurch.
In meiner beruflichen Tätigkeit finde ich Erfüllung, Freude und Bereicherung.	Ich vermag alles zu tun durch die innere Kraft und Stärke, die in mir ruhen.

Ich lasse es zu, dass sich mein Körper und mein Verstand entspannen.	Ich liebe mich so, wie ich bin. Und da, wo ich bin – bin ich genau richtig.
Aus Fehlern lerne ich.	Ich weiß, dass ich mit allem fertig werde.
Ich gestalte mein Leben friedlich und vergnüglich.	Ich bin kreativ und habe immer gute Ideen für alle Bereiche des Lebens.
Ich schaffe mir leicht und mühelos alles, was ich will.	Ich kann mich jederzeit klar und verständlich ausdrücken.
Ich finde immer eine angemessene Lösung für jedes Problem.	Die unendliche Intelligenz in meinem Innern zeigt mir meinen wahren Platz im Leben.

Siebenter Schritt: Stärke Dein Selbst!

7. Welche Sofortmaßnahmen können helfen?

Es ist nicht schwer, Entscheidungen zu treffen, wenn Du Deine Werte kennst.
Roy E. Disney

Was ich im Folgenden schildere, hat mir geholfen. Vielleicht hilft es Dir auch? Finde selbst heraus, was Dir in einer Krise gut-tut und was die dunklen Wolken vertreibt!

Ein Mutmacher-Bild

Eine Freundin schenkte mir eine Postkarte. Darauf zu sehen: ein Storch. Er steht im See und hat einen Frosch schon im Schnabel, um ihn zu verschlingen. Der Frosch aber kämpft. Mit beiden Händen hat er den Hals des Storches gepackt und würgt ihn. Ob er sich aus seiner scheinbar ausweglosen Lage befreien kann? Ich glaube fest daran. „Niemals aufgeben!", steht als Motto darüber.

Die Postkarte steht in meinem Wohnzimmer-Regal. Ich sehe sie jeden Tag. Vielleicht gefällt sie Dir auch, oder Du findest ein anderes passendes Bild, das Dir Mut macht.

Vier Zettel

Vier handschriftliche Notizzettel klebte ich von innen an meine Wohnungstür, an meinen Badspiegel, an den Kleiderschrank und an den Kühlschrank. Auf den gelben Zetteln stand ein Satz: „Ich entscheide mich für Liebe und Vertrauen."

Die ständige Erinnerung an Liebe und Vertrauen tat gut. Ein Zettel hängt heute noch, als mein ständiger kleiner Reminder, am Kleiderschrank.

„Stopp!" bei Gedankenkarussell und Selbstzweifeln

Ich sagte laut und deutlich: „Stopp, mein Verstand! Das reicht jetzt!". Ich mag die Worte von Stefanie Stahl und sagte: „Aha, da ist es ja wieder, mein niedriges Selbstwertgefühl. Sicher will es wieder, dass ich mich falsch einschätze."

Laut der Autorin Stefanie Stahl lösen sich erstaunlicherweise die Selbstzweifel oftmals auf, sobald sie erkannt und akzeptiert werden. Das kann ich bestätigen. Es braucht nur Geduld und Wiederholung.

(Lit. 21)

Die folgenden Übungen habe ich als sehr hilfreich und stärkend erfahren:

7.1 Übung: Was sehe – höre – fühle ich?

Meine Psychotherapeutin gab mir diesen Rat: „Gegen Grübelgedanken, machen Sie diese Übung sechs Wochen lang, jeweils morgens und abends!"

Erste Runde: Fünfmal hintereinander die Frage stellen:
Was sehe ich? Antworte!
Was sehe ich? Antworte!
Was sehe ich? Antworte!
Was sehe ich? Antworte!
Was sehe ich? Antworte!

Zweite Runde: Viermal fragen.
Dritte Runde: Dreimal fragen.
Vierte Runde: Zweimal fragen.
Fünfte Runde: Einmal fragen.

Analog:
Fünfmal hintereinander fragen:
Was höre ich? (dann viermal, dreimal, zweimal, einmal)

56

Analog:

Fünfmal hintereinander fragen:

Was fühle ich? (dann viermal, dreimal, zweimal, einmal)

Bei mir waren es meist die gleichen Antworten. Es war Februar/März und es war kalt, regnerisch und ungemütlich. Vor meinem Balkonfenster standen trostlos ein paar kahle Bäume.

Damit ich mit der Anzahl der Fragen – fünfmal, viermal, dreimal, zweimal, einmal – nicht durcheinanderkam, machte ich eine Strichliste:

Erste Runde:

Was sehe ich? Ich sehe die Bäume.

Was sehe ich? Ich sehe das Hochhaus vor dem Haus.

Was sehe ich? Ich sehe den Balkon.

Was sehe ich? Ich sehe Menschen, die zur Sparkasse gehen.

Was sehe ich? Ich sehe einen Mann mit Hund.

Zweite Runde:

Was sehe ich? Ich sehe meinen Balkon.

Was sehe ich? Ich sehe draußen eine Frau mit Rollator.

Was sehe ich? Ich sehe die Häuser an der Straße weiter hinten.

Was sehe ich? Ich sehe mein Sofa mit der roten Decke.

Dritte Runde:

Was sehe ich? Ich sehe meinen Balkon.

Was sehe ich? Ich sehe mein Sofa.

Was sehe ich? Ich sehe ein Kind auf dem Fahrrad.

Vierte Runde usw.

Ich denke, Du hast das Prinzip verstanden: Indem Du Dich auf Deine Sinneseindrücke konzentrierst, schaltest du den Kopf mit seinem Gedankenkarussell aus.

Eine weitere Möglichkeit, von Grübelgedanken wegzukommen, ist die Frage: „Was wird wohl mein nächster Gedanke sein?" (Lit. 22)

7.2 Meditation und mentale Übungen

Meditationen sind relativ kurz und wirksam. Die Meditation ist inzwischen gut in Medizin und Psychologie erforscht. Sie schafft Ruhephasen, ermöglicht eine Innenschau, fördert Kreativität und stärkt die Eigenwahrnehmung. Bereits nach 25 Stunden sind erste Veränderungen im Gehirn messbar. Meditation hilft, den Herzschlag zu reduzieren, und setzt Endorphine frei, die bei mentalem Stress helfen. Nach wenigen Stunden Meditation machen sich Achtsamkeit, innere Ruhe und weniger Stressempfinden deutlich bemerkbar.

Auf YouTube habe ich viele Meditationen und Speaker ausprobiert. Ich mag klare sympathische Stimmlagen und präsentiere Dir hier meine kleine Auswahl:

Pierre Franckh: Die Seele heilen, 21:57 min, happinesshouse.de [18.04.2023]

Annika Henkelmann: Heilsame Meditation für Seelenfrieden, Youtube 18:34 min [29.11.2021]

Verena König: 3 Schlüssel für ein reguliertes Nervensystem// Podcast, 35:04 min [07.10.2022]

Dieter Lange: Löse Dich von Deinem Problem – Glücklich sein? So funktioniert unser Leben (wirklich)//Dieter Lange, Youtube Greator, 17:48 min, [22.09.2021]

Mir war alles recht, was etwa 30 Minuten lief. So wählte ich anfangs die Meditationen nach der Zeitspanne aus. Für längere Meditationen hatte ich keine Konzentration.

Du kannst eine Meditation auch als kleine Auszeit im stressigen Alltag nutzen – sogar am Schreibtisch.

So geht's: Setz Dich bequem (also gerade) hin, schließe die Augen und konzentriere Dich auf Deinen Atem. Um Deine Gedanken in Schach zu halten, hilft es Anfängern, die Atemzüge zu zählen. Aber Achtung: Immer nur bis zwölf zählen! Ein – aus: eins. Ein – aus: zwei. Bei zwölf angekommen, beginnst Du von vorn. So kannst Du ohne Probleme zehn, zwanzig oder mehr Minuten zubringen. Dazu stelle Dir einen Countdown, der Dich nach der entsprechenden Zeit sanft wieder in die Gegenwart holt.

Findet sich nur zu Hause oder im Urlaub der Raum zum Meditieren? Ich frage mich: „Wann ist es Standard, dass jede Firma, jedes Unternehmen, jede Schule, jede Kita … einen Meditationsraum hat?"

Welche Freude, denn mein neuer Arbeitgeber, die Einzelfallhilfe-Manufaktur, hat einen Meditationsraum. Im Rahmen einer internen Fortbildung konnte ich den hellen Raum mit Blick auf die Havel einmal nutzen.

7.3 Künstlerisch tätig sein

Drei Monate lang nahm ich einmal wöchentlich an einem Malkurs teil, der ursprünglich für ukrainische Menschen als integrativer Deutsch-Kurs entstanden war. Eine Freundin, Bettina, selbst Künstlerin, hatte mich zu „Farbenwelten" in den Kiezraum eingeladen. Ein Geschenk. Außerdem kam ich mal raus. Raus aus meiner Vierzig-Quadratmeter-Puppenstube mit „Spuckluke", so nannte meine Vormieterin die fensterartige Durchreiche von der Küche zum Wohnzimmer. Im Kiezraum bei Bettina ging es mir gut. Ich knüpfte neue soziale Kontakte und lernte nebenbei etwas über Kompositionen, Farbwirkung und Techniken.

7.4 Gute Musik hören

Was ist Deine Lieblingsmusik – oder Entspannungsmusik? Ich mochte in der dunklen Phase z. B. „Heilsame Lieder und Satsang – a meditation with Deva Premal and Miten" (CD 2002) Du findest bestimmt Deine eigene Musik, die Dir guttut.

7.5 Ein Instrument lernen

Ab und zu konnte ich mich aufraffen und spielte ein Lied auf meiner Gitarre und sang dazu. Mein Selbstgespräch ging meistens so: „Komm schon, Süße, spiel nur ein Lied! Hol die Gitarre raus! Setz Dich ans Piano! Übe! Das macht Dir doch Freude! Das weißt Du auch!"

7.6 Singen

Wir sind eine musikalische Familie und haben immer viel gesungen, nicht nur zu Weihnachten. Zwei prall gefüllte Musikordner stehen in meinem Regal. Ein Ordner mit Kinderliedern für Klasse 1 bis 3 und einer mit Liedern, die ich mit Gitarre begleiten kann.

Kurz vor meinem Geburtstag im Februar nahm ich ein altbekanntes Lied: „Viel Glück und viel Segen" und textete es spontan um. Ich sang es immer und immer wieder. Es tat so gut, mich selbst zu besingen und mich damit zu bestärken.

Lied:

Viel Glück und viel Segen auf all meinen Wegen,
Gesundheit und Frohsinn sei auch mit dabei.

Liebe Worte und Taten, Gemüse im Garten,
rote Rosen und Liebe sei auch mit dabei.

Bewusstsein und Klarheit, meinen Mut meine Wahrheit,
Geduld und Humor sei auch mit dabei.

Optimismus und Wohlstand, Urlaub am Sandstrand,
Massage, Sonne, Yoga, sei realistisch, erwarte Wunder!

In der letzten Zeile zitiere ich Karin Kuschik, Autorin, Redne-
rin, Business-und Selbstführungs-Coach: „Sei realistisch. Erwarte Wunder!" (Lit. 23)

7.7 Den Körper abklopfen mit EFT

Ich liebte die Klopfakupressur EFT und liebe sie immer noch.
Ich fühlte mich sofort besser nach drei Runden, bei Unsicherhei-
ten oder aufkommenden Zweifeln. Mit EFT kannst Du alte
Glaubenssätze loslassen und neue, aufbauende installieren.
Interessant ist: Ein durchgängiges Ergebnis der Studien ist,
dass vor allem die EFT-Klopfakupressur große Wirkung zeigte,
indem sie die Lebensqualität von Menschen mit Depression, Ge-
wichtsproblemen, Gelüsten, Ängsten, Stress und Trauma erheb-
lich nachhaltig verbesserte.
Im Jahr 2012 ist Emotional Freedom Technique (EFT) als evi-
denzbasierte Methode von der American Psychological Associa-
tion (APA) als wissenschaftlich fundierte Therapie anerkannt
worden. Die Anregung für EFT entdeckte ich bei Laura Malina
Seiler.
(Lit. 24)

7.8 Komm ins Fühlen!

Kannst Du weinen? Wenn Du weinen kannst, wunderbar. Lass Deine Tränen laufen. Beim Weinen geschieht Heilung. Fühle Dich. Spüre Dich. Frage Dich früh, mittags und abends: Was fühle ich gerade? Was brauche ich gerade, damit es mir gut geht?

Komme in das Gefühl, dass es wirklich Du selbst bist, der diese Frage stellt.

Du kannst nicht weinen?

Du kannst versuchen, traurige Filme zu schauen oder traurige Musik zu hören, die Dich früher zum Weinen gebracht haben. Wenn das nicht klappt, ist das nicht schlimm. Nimm es einfach wahr: Ich möchte weinen, und es geht gerade nicht. Sage Dir laut oder innerlich: Ich weiß, dass der Tag kommt, an dem ich wieder weinen kann und an dem ich wieder aus vollem Herzen lachen kann. Ich weiß nicht wann, ich weiß nicht wie, doch ich weiß, dass es so ist.

Eine wunderbare Methode, um das Lachen wieder zu lernen, ist das Lachyoga. Unser Hirn unterscheidet nicht zwischen echtem und simuliertem Lachen. Darauf beruht das Lachyoga, das der indische Arzt Dr. Madan Kataria seit 1995 in einem Park in Mumbai (Bombay) mit nur fünf Menschen begonnen, entwickelt und bekannt gemacht hat.

Lachyoga arbeitet nicht über die Kognition (z. B. mit Witzen, Slapstick oder Comedy), sondern über die motorische Ebene. Der Körper imitiert das Lachen – und die Seele lacht mit. Die Übungen, die mit Atem-Übungen aus dem Yoga kombiniert werden, sind leicht zu erlernen und führen schnell in ein echtes und ansteckendes Lachen. Mit regelmäßigem Lachen aktivierst Du heilsame Energien. Lachyoga ist eine wundervolle Entspannungstechnik. Über den Berufsverband der Lachyoga-Therapeuten und über den Lachclub findest Du sicher ein Angebot in Deiner Nähe.

(Lit. 25, Lit. 26)

Auf der Internetseite von LachTreff – das ist der Lachclub Potsdams – steht folgender Satz: „Lachen, Tanzen, Spielen und Singen sind die vier Königsdisziplinen der Lebensfreude."

Weinen oder Lachen – Hauptsache, Du entscheidest Dich für Dich und Deine Gefühle. Sonst geht es Dir wie den Kastanien in der folgenden Geschichte.

Im Herbst purzelten zwei Kastanien aus derselben Stachelhülle und fielen auf den Boden. Einen langen Winter lang schlummerten die Schwestern nebeneinander im schützenden Laub. Im Frühling erwachten sie, denn in ihnen pochte eine Sehnsucht.

„Die Sonne ist da!", rief die erste. „Wie schön das ist. Ich will mich strecken, in alle Richtungen, nach oben und nach unten und zu den Seiten auch! Meine Wurzeln sollen tief unter mir die Erde ergründen! Mein Spross soll durch die Erdoberfläche stoßen, der warmen Sonne entgegen! Meine zarten Knospen will ich entfalten. Die Sonne soll mich wärmen, der Morgentau mich segnen. Wie schön das Leben ist! Lass uns wachsen, hoch bis in den Himmel!"

„In den Himmel?", sprach die zweite. „Soll wirklich meine feste Schutzhülle aufreißen und mein Inneres preisgeben?" Sie ruckelte sich noch tiefer ins Laub. „Man sollte lieber vorsichtig sein", fuhr sie fort. „Wie kann ich meine Wurzeln in die dunkle, kalte Erde stecken – wer weiß, was mir dort begegnet? Über mir kann Kälte meinen zarten Spross verletzen. Und meine wunderbaren Blätter – bestimmt locken sie die gefräßigen Schnecken an. Oder ein Kind entdeckt sie und reißt mich aus dem Boden. Nein. Ich halte lieber still und warte, bis alles sicher ist. Einmal, wenn der richtige Augenblick gekommen ist, werde ich der schönste Baum im ganzen Wald. Du wirst schon sehen!" Sie drehte sich tiefer ins Laub und dann wartete sie und wartete. Die andere Kastanie aber wuchs und war schon bald ein Bäumchen geworden.

Eines Nachts kam ein Wildschwein. Es schnüffelte am Bäumchen und verschmähte es: Zu groß und zu stark war es geworden und zu fest steckten seine Wurzeln in der Erde. Dann fand es die Kastanie, die immer noch im Laub träumte – und fraß sie mit einem Happs. (auch Lit. 27)

7.9 Ein aufbauendes Gedicht lesen

Wenn die dunklen Wolken an manchen Tagen ganz besonders groß waren, half mir dieses Gedicht von Hans Kruppa:

Menschen
Menschen können so enttäuschend sein,
so verletzend, so verständnislos.

Menschen können so beglückend sein,
so einfühlsam, so warmherzig.

Menschen können in jeder Hinsicht so überraschend sein,
daß man von ihnen eigentlich immer
Unerwartetes erwarten muß.

Ich habe die kleinen Wörter man und muss geändert, damit es für mich stimmig ist:
... dass ich von ihnen eigentlich immer
Unerwartetes erwarten darf.

Mindestens hundert Mal habe ich dieses Gedicht gelesen. Ich lernte zunehmend, in meiner Mitte zu bleiben, die Dinge geschehen zu lassen. Heute gelingt es mir immer besser, mich aus dem alten Schema der Bewertung und Beurteilung über unangenehme Mitmenschen rauszuholen. Ich sage mir: Wenn jemand mit mir ein Problem hat, dann hat dieser Mensch das Problem – nicht ich. (Lit. 28)

7.10 Lächeln

Bei Ärger müsstest Du sofort jemanden haben, der Dich zum Lachen bringt. Es ist aber niemand da – nur Du selbst. Also musst Du Dich selbst zum Lächeln bringen, und das ist nicht so schwer, wie Du vielleicht glaubst: sechzig Sekunden lang einfach die Mundwinkel bis an die Ohren ziehen. Das sieht ziemlich blöd aus. Es ist, besser gesagt, eine Grimasse, kein echtes Lächeln. Dem Gehirn ist das egal. Neuropsychologisch drückt das „Lächeln" auf einen Muskel und der signalisiert dem Gehirn: Freude. Das Gehirn produziert Freudehormone. Du kannst überall kurz lächeln, in Bus und Bahn, auf dem Klo, im Supermarkt oder im Büro. Und wenn jemand zurücklächelt – umso besser!

Wenn Du noch einen Schritt weitergehen möchtest, dann prüfe Dich selbst. Ärgerst Du Dich länger als dreißig Sekunden über etwas? Dann sind es immer Deine eigenen Programme, Deine eigenen unerledigten Geschäfte. Es heißt nicht umsonst: Ich ärgere mich. (Lit. 29)

7.11 Siegerpose

Auch wenn Dir überhaupt nicht danach ist: Bringe immer wieder mal die Arme nach oben, so wie ein Formel-1-Rennfahrer, der auf dem Siegerpodest steht und mit der Drei-Liter-Champagnerflasche in der Hand jubelt. Dem Gehirn ist es egal. Es kann nicht zwischen Täuschung und Realität unterscheiden. Die Routine bringt's.

Bringe am besten Lächeln und Siegerpose als Affirmation zusammen. So kannst Du vor dem Spiegel im Bad stehen und Dir sagen: „Ja! Ich bin eine Gewinnerin!"

Denke nur daran, dass Du schon einmal in Deinem Leben gewonnen hast. Unter zig Millionen Spermien bist Du als Erstes in der Eizelle angekommen. Sonst wärst Du heute nicht hier.

7.12 Beobachte Dich selbst

Am besten gelingt die Selbstbeobachtung, wenn Du gedanklich einen Schritt hinter Dich trittst, und Dir dabei über die Schultern schaust. Probiere es aus. Schaffe Abstand zu Dir selbst. Schaue von oben, vom Mond auf die Erde, auf Dich. Was siehst Du? Wie siehst Du Dich? Was hörst Du Dich sagen oder denken? Gehst Du liebevoll mit Dir um, mit Deinem Körper, mit Deinen Befindlichkeiten, mit Deinen Schwächen, mit Deinem Verstand?

7.13 Erlaube Dir zu träumen

Die folgende Geschichte erzählt von einer Vision.

Nur ein Traum?

In der Schule sollten Kinder einen Aufsatz schreiben: „Mein Traumberuf", hieß das Thema. Die meisten Mädchen wollten Friseurin werden oder Wissenschaftlerin und die Jungs zur Polizei. Doch ein Mädchen träumte davon, ein Rockstar zu werden. Sie würde auf der Bühne stehen. Millionen Menschen würden ihre Musik hören und ihr zujubeln. „Das ist kein Traum. Das ist eine Phantasie", sagte der Lehrer und gab ihr eine Fünf. „Ich gebe dir eine bessere Note, wenn du den Aufsatz neu schreibst – mit einem realistischen Traum." Das Mädchen aber sagte: „Behalten Sie Ihre gute Note – ich behalte meinen Traum."

Zwanzig Jahre später saß der alte Lehrer vorm Fernseher. Ein Rockkonzert wurde übertragen. Der Lehrer wollte schon wegschalten, aber dann erkannte er seine ehemalige Schülerin. „Schau an, sie hat es geschafft", murmelte er verblüfft. Nach dem Konzert fragte jemand die Sängerin nach dem Geheimnis ihres Erfolges. „Man muss an seinen Traum glauben, auch wenn andere ihn kleinreden", sagte sie. „Es ist nämlich harte Arbeit, ihn wahr zu machen. Dafür braucht man viel Kraft – und eine Vision, die einen trägt."

Lass Dir von Menschen mit kleinem Horizont nicht erzählen, dass Deine Träume zu groß sind! (vgl. dazu auch Lit. 30)

Exkurs: Was passiert im Gehirn?

Ständiges Nachdenken ist es, was unser Leben bestimmt. Es beeinflusst uns mehr als selbst unsere intimsten Beziehungen. Unsere engsten Freunde formen unser Leben weniger als die Gedanken, die wir haben.
John W. Teal

Neurobiologische Hintergründe

Bei der Entstehung einer Depression spielen mehrere Faktoren eine Rolle. Auch Veränderungen in den Vorgängen des zentralen Nervensystems gehören dazu. Leider bleibt trotz der zunehmenden wissenschaftlichen Aufmerksamkeit für die Erforschung der Zusammenhänge und die Therapie psychischer Erkrankungen bis heute einiges offen.

Jede Depression ist individuell und bedarf einer individuellen Therapie. Deshalb treffen verschiedene Erkenntnisse nicht unbedingt auf den Einzelfall zu. Dennoch kann es spannend und hilfreich sein, die neurobiologische Materie als Hintergrund der Depression ein wenig besser zu verstehen.

Welche Hirnregionen sind beteiligt?

Beteiligt ist die Amygdala bzw. der Mandelkern, ein Teil des sehr alten Gehirns, der zuständig für die Entstehung von Emotionen ist und das Emotionsgedächtnis bildet. Er verknüpft Erlebnisse mit Gefühlen und festigt dadurch deren Erinnerung im Langzeitgedächtnis. Mittlerweile ist nachgewiesen, dass es Zusammenhänge zwischen einer Volumenveränderung der Amygdala und affektiven Erkrankungen wie der Depression gibt.

Ebenfalls beteiligt ist das gesamte limbische System, das sogenannte emotionale Gehirn. In diese Funktionseinheit des Gehirns ist die Amygdala eingebettet, es dient der Verarbeitung von Emotionen und der Entstehung von Triebverhalten. Im Zusammenspiel mit anderen Hirnarealen wirkt das limbische System auf die Stressregulation, Empfindung und Verarbeitung von Emotionen ein. In bildgebenden Verfahren konnte hier bei depressiven Patienten eine veränderte Aktivität festgestellt werden, eine Disbalance an relevanten Neurotransmittern und eine verminderte Bildung neuer Neuronen.

Beteiligt ist auch der Hypothalamus, ein Abschnitt des Zwischenhirns, der Appetit, motivationales Verhalten, Schlafrhythmus, Hormonregulation und Libido beeinflusst. Bei depressiven Menschen ist der Hypothalamus vergrößert. Dies könnte erklären, warum bei Depressionen der Spiegel des Stresshormons Cortisol permanent erhöht ist.

Eine Depression wirkt auch auf bestimmte Gebiete der Großhirnrinde (Cortex): Dazu zählen zum Beispiel der prä-frontale Cortex und andere Areale, die in höhere kognitive Leistungen involviert sind. Hier finden sich bei depressiven Patienten ebenfalls Veränderungen in der Aktivität, aber auch im Volumen.

Wichtig: Für die Entstehung depressiver Symptome sind nie nur einzelne Hirnareale verantwortlich, sondern es handelt sich um eine Fehlsteuerung: Das Zusammenspiel von Netzwerken im Gehirn ist fehlreguliert.

Was passiert auf der Ebene der Nervenzelle?

Eine wichtige Rolle spielen die Botenstoffe oder Neurotransmitter. Das sind biochemische Stoffe, die Reize von einer Nervenzelle zu einer anderen Nervenzelle oder Zelle weitergeben, verstärken oder modulieren.

Die wichtigsten in Verbindung mit Depression stehenden Neurotransmitter sind Serotonin, Dopamin und Noradrenalin, das auch als Hormon fungieren kann. Alle drei Neurotransmitter gehören zu der Gruppe der Monoamine, die aus spezifischen Aminosäuren synthetisiert werden.

Eine der Ursachen einer Depression kann ein zu niedriger Monoamine-Spiegel von Serotonin, Dopamin und Noradrenalin im synaptischen Spalt sein – dem Zwischenraum zwischen der Membran einer Nervenzelle und der Membran einer nachgeschalteten Zelle. Für die Erregungsübertragung wird bei chemischen Synapsen der hier meist etwa 20–30 Nanometer breite synaptische Spalt durch Ausstoß und Andocken von Botenstoffen bzw. Neurotransmittern überbrückt (1 nm ist der millionste Teil eines Millimeters). Ist der Monoamine-Spiegel zu niedrig, sind die neuronalen Schaltkreise gestört und die neuronale Reizübertragung beeinträchtigt. (Lit. 31)

Das Gehirn in der Menschheitsentwicklung

Unsere Zivilisation begann mit Ackerbau und Viehzucht vor über 10.000 Jahren. Heute sind wir moderne Menschen, leben in klimatisierten Häusern, kaufen unsere Nahrung im Supermarkt, sind umgeben von Computern, Smartphones und Internet. Doch entwicklungsgeschichtlich steckt das menschliche Gehirn zu großen Teilen in der Steinzeit – das ist unser biologisches Erbe. Was die Menschheit in dieser Epoche der Jäger und Sammler gelernt hat, beeinflusst noch heute unser Alltagsverhalten, mehr, als uns bewusst ist. Wir stopfen Chips und Schokolade in uns hinein, als wüssten wir nicht, wann wir das nächste Mal ein Mammut erjagen könnten. Wir reagieren auf Reize, die scheinbar gefahrvoll sind, als würde uns ein Säbelzahntiger bedrohen.

Unser Steinzeit-Ich bietet dafür drei archaische Verhaltensmuster:

- Kampf, Angriff, Aggression (fight)
- Flucht (flight)
- Erstarrung als vorübergehende Erstarrung (freeze) oder als Totstellreflex.

Bei der vorübergehenden Erstarrung ist man komplett angespannt und fokussiert. Beim Totstellreflex verlässt jede Spannung den Körper, und der Muskeltonus erschlafft. Das ist oft verbunden mit einer Dissoziation: Der Geist koppelt sich vom Körper ab.

Auge in Auge mit einem Säbelzahntiger bleibt dem Steinzeitmenschen keine Zeit, alle Handlungsoptionen abzuwägen. Die Aufmerksamkeit fokussiert sich. Der Verstand wird ausgeschaltet, er ist zu träge. Jeder Sekunden-Bruchteil zählt. Blitzschnell muss entschieden werden: Was bietet die beste Überlebenschance: Angriff? Flucht? Oder sich tot zu stellen, so dass man vielleicht übersehen oder als Aas verschmäht wird? Der Körper aktiviert alle Reserven und stellt große Mengen Energie und Adrenalin bereit – oder fährt alle Funktionen komplett herunter.

Der Hirnstamm, der alte Teil des Gehirns mit seinen Bestandteilen, ist zuständig für eine schnelle gefühlsmäßige Einschätzung einer Situation.

Das sogenannte Reptiliengehirn kontrolliert die für das Überleben notwendigen Grundfunktionen wie Herzschlag und Atmung und löst die für das Überleben notwendigen Mechanismen aus.

Die Gefühle, die im limbischen System entstehen, schalten wie ein Kippschalter ein Reaktionsmuster ein und den Verstand aus. Angst, Aggression, Lähmung sind die Grundfunktionen, die unser Überleben in einer schwierigen Umgebung gesichert haben.

Das ist auch heute noch so – auch wenn Säbelzahntiger längst ausgestorben sind. Der moderne Mensch reagiert auf Stress mit seinem Steinzeit-Ich. Ein ungerechter Chef, eine Stichelei, eine überfüllte Straßenbahn, eine andere politische Meinung werden als Gefahr interpretiert und aktivieren die Grundmuster von Angriff, Flucht und Erstarren.

Bist Du im Reptiliengehirn, kannst Du nicht denken. Dein Gehirn hat in den Modus „Überleben" geschaltet. Dein Körper reagiert unwillkürlich.

Depressionen nachweisen?

Eine Depression kann mit einer Magnetresonanztomographie (MRT) nachgewiesen werden. Die Medizin geht von einem Ungleichgewicht im Serotoninhaushalt aus. Die Funktionsweise des Gehirns ist verändert. Der Stoffwechsel der Neurotransmitter im Gehirn ist aus dem Gleichgewicht geraten.

BDNF ist ein Protein und gehört zu den Neurotrophinen. Es wird im Gehirn gebildet, hilft dort, das Überleben bestehender Neuronen zu unterstützen, und fördert Wachstum, Regeneration und Entstehung neuer Neuronen und Synapsen, weshalb BDNF auch als Wachstumshormon im Gehirn gilt. Die BDNF-Konzentration (Brain-Derived-Neurotrophic-Factor) und somit die Aufrechterhaltung bestehender Synapsen ist ebenso aus dem Gleichgewicht geraten.

BDNF ist für das Langzeitgedächtnis, das abstrakte Denken, logisches und organisatorisches Denken wichtig. Ein niedriger BDNF-Spiegel steht mit vielen kognitiven Fehlfunktionen in Zusammenhang. Dazu zählen etwa eine schlechte Entwicklung von Nerven oder Lernschwierigkeiten.

Welche Rolle spielen die Spiegelneuronen?

Spiegelneuronen sind Nervenzellen (Neuronen) im Gehirn, die aktiviert werden, wenn Du eine Handlung durchführst, beobachtest oder über sie nachdenkst. Die Spiegelneuronen ermöglichen uns, von klein auf unsere Umgebung zu spiegeln und unser Verhalten automatisch anzupassen. Gefühle sind ansteckend. Deshalb ist es unglaublich wichtig, sich bewusst mit Menschen zu umgeben, die, ebenso wie Du, an ihre Träume glauben, etwas in ihrem Leben bewegen wollen, die bereit sind, sich gegenseitig zu motivieren und einander zu unterstützen. (Lit. 32)

Spiegelneuronen bilden ein komplexes Empathieprogramm, das uns dabei hilft, das Verhalten und die Emotionen anderer Menschen durch Imitation zu verstehen. Sie „feuern" nicht nur, wenn wir eine Handlung ausführen, sondern auch, wenn wir jemand anderen bei etwas beobachten, auf das wir als Erfahrung zurückgreifen können.

Bei einer Depression können die Spiegelneuronen beeinträchtigt sein. Menschen mit Depression können Schwierigkeiten haben, die Emotionen anderer zu verstehen oder sich in sie hineinzuversetzen. Das kann dazu führen, dass sie sich isoliert und einsam fühlen, weil sie nicht richtig mit anderen in Verbindung treten können. Wenn die Spiegelneuronen nicht richtig funktionieren, kann das die sozialen Beziehungen und das emotionale Wohlbefinden beeinträchtigen.

Was sagt die Hirnforschung?

Der bekannte Gehirnforscher Gerald Hüther spricht von Hypofrontalität, das heißt, alles spielt sich in einem Bereich im Frontalhirn ab, im präfrontalen Cortex. Er ist aktiv bei der Planung von Handlungen und steuert die Fähigkeit, sich in andere Menschen und in Situationen hineinzuversetzen.

Seinen Worten zufolge ruht das Frontalhirn, während das limbische System starke Aktivitäten entfaltet. Es entsteht ein Erregungsmuster im Gehirn. Erregung ist schwer auszuhalten. Also kommen Medikamente zum Einsatz, „... und jeder hält es für normal, Medikamente zu nehmen."

(Lit. 33)

Gerald Hüther schlägt eine andere Betrachtungsweise vor. Sein Ansatz ist es, zu verstehen:

Warum bin ich depressiv geworden? Was ist mir zugestoßen? Wie bin ich in diesen Zustand gekommen?

Eine Depression kommt nicht von allein. Ich bin verletzt worden. Ich bin zu häufig alleingelassen oder verlassen worden. Ich habe mich immer angestrengt. Ich wollte immer dazugehören. Ich wollte gesehen werden. Dann ist nur noch eine Kleinigkeit dazugekommen, und ich bin in einer Depression. Meine ganze Kraft und Energie ist in sich zusammengebrochen. Das Gehirn schaltet die Bereiche ab, die die Zukunft planen. Sie werden im Moment nicht gebraucht.

Jetzt ist Zeit für Besinnung. Jetzt wäre es schön, wenn jemand da wäre, der mich liebt. Jemand, der mit mir spricht und der mich wieder zurück ins Leben einlädt.

(Lit. 34)

Achter Schritt: Hab Mut für neue Wege!

8. Was hat die Quantenphysik mit Depression zu tun?

Alles ist Energie ... und dazu ist nichts mehr zu sagen.
Wenn Du Dich einschwingst in die Frequenz der Wirklichkeit, die Du anstrebst, dann kannst Du nicht verhindern, dass sich diese manifestiert. Es kann nicht anders sein.
Das ist nicht Philosophie.
Das ist Physik.
Albert Einstein

8.1 Newton versus Quantenphysik

Wir sind, was wir denken. Alles, was wir sind, entsteht aus unseren Gedanken. Mit unseren Gedanken formen wir die Welt.
Buddha

Seit dem Universalgelehrten Isaac Newton sind wir es gewohnt, in Kategorien wie Ursache und Wirkung und in Kausalitätsketten zu denken. Die Quantenphysik stellte unser Weltbild auf den Kopf.

Sie besagt, dass Materiebausteine wie Atome und Elektronen neben ihrer Teilchen- auch eine Wellennatur haben und somit Energie nicht kontinuierlich vorhanden ist. Deshalb sind nur Wahrscheinlichkeitsaussagen über ihren Aufenthaltsort möglich. Der Begriff Quanten bezeichnet kleinste Energieeinheiten, die von einem System auf ein anderes übertragen werden. Die Vermessung der Wirklichkeit, an der Generationen von Wissenschaftlern gearbeitet hatten, stieß plötzlich an fundamentale Grenzen. Unsere Vorstellung von Realität geriet ins Wanken.

Die Quantenphysik hat unser Weltbild revolutioniert. Und wir stehen erst am Anfang. Mit der Quantenphysik lässt sich das

Verhalten von Elektronen, Atomen und Molekülen sowie von fester, gasförmiger und flüssiger Materie und von Strahlung aller Art beschreiben.

Längst sind Anwendungen der Quantenphysik fester Bestandteil unseres Lebens geworden. Elektronik, Digitaltechnologien, Laser, Mobiltelefon, Satelliten, Fernseher, Radio, Nukleartechnik, die moderne Chemie, medizinische Diagnostik – all diese Technologien beruhen auf den Gesetzen der Quantentheorie.

Eva Maria Zurhorst und andere begründen mit der Quantenphysik, dass jeder Mensch auf einer subatomaren Ebene Einfluss nehmen kann. Jetzt bewahrheitet sich der Ausspruch Buddhas: Wir formen unsere Welt mit unseren Gedanken. Nichts ist festgeschrieben. Im Quantenfeld ist jede erdenkliche Möglichkeit bereits vorhanden. Unser Geist ist in der Lage, aus dem Nichts etwas zu erschaffen. Das machen wir die ganze Zeit schon, nur unbewusst.

Wenn das so ist, dann wäre jetzt die Zeit, uns das bewusst zu machen.

Außerdem zeigt die Quantenphysik, dass schon die Wahrnehmung die Realität verändern kann. Dieses Phänomen wird „Kollaps der Wellenfunktion" genannt: Ein Quantensystem, das in mehreren Zuständen existiert, „kollabiert" beim Messen in einen dieser Zustände. Der Kollaps, so die Wissenschaftler, sei rätselhaft, da er scheinbar von der Beobachtung abhänge und die Frage aufwerfe, wie sich Beobachtung auf die Realität auswirkt.

Du denkst, Du fühlst, als ob es schon wahr wäre. Traue Dich, die Begrenztheit Deines Denkens loszulassen. Imaginiere!

Der Verstand kann das nicht fassen und kommt mit seinen Bedenken, und bleibt gern bei dem – altvertrauten – Bekannten.

Ändere Deine Gedanken, ändere Dein Leben!

Dein neues Denken könnte damit beginnen, dass Du Dir sagst: „Ich habe eine Natur, auf die ich vertrauen kann. In den neun Monaten, wo ich im Bauch der Mutter war, habe ich auch auf die Natur vertraut. Alles entwickelte sich zur rechten Zeit."

(Lit. 35)

Und selbst, wenn Du skeptisch bist, dass die Quantenmechanik einen esoterischen Aspekt hat: Was spricht dagegen, die ganze Welt mit Deinen Gedanken zu umarmen? Probier es einfach aus! Vergiss nicht: Wenn Du Dich änderst, ändert sich alles.

8.2 Übung für ein neues Denken

Ich, (nenne Deinen Namen), habe jeden Tag das Recht, mich zu behaupten.

Ich, (nenne Deinen Namen), respektiere mich so wie ich bin.

Mit jedem Tag erkenne ich meinen Wert mehr.

Ich bin das, was ich bin, das ist alles, was ich bin.

Ich darf neu und optimistisch über mich denken.

Ich programmiere mich um.

Die Fehlprogrammierung wird überschrieben. Jetzt!

Die Fehlprogrammierung in mir wird gelöscht und ein positives, wertschätzendes Programm wird installiert. In mir!

Ich nehme mich an, so wie ich bin, mit allen Ecken und Kanten.

Ich mag mich, so wie ich bin.

Die Sätze wie ein Gedicht aufzusagen, bringt nichts. Fühle in jeden Satz hinein. Verbinde Deine Worte mit dem guten Gefühl der Sicherheit, dem Bewusstsein, dass es so ist.

Überschreite Dein altes Denken. Trau Dich! Du kannst das.

Du bist nicht Dein Verstand. Lass Dich nicht von Deinem Kopf vereinnahmen! Wer ist der Boss bei Dir: Der da oben? Willst Du Dir wirklich das Ruder aus der Hand nehmen lassen? Wo bleibt Dein Herz? Wo bleibt Dein Körper? Wo bleibt Deine Seele?

Du bist der Regisseur Deines Films. Überschreite Dein Denken und lass die alten Muster und Erwartungen hinter Dir! Think out of the box!

Um das zu veranschaulichen, folgende Übung: Verbinde alle neun Punkte mit vier oder weniger geraden Linien, ohne abzusetzen!

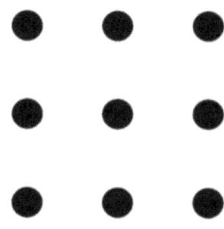

Vielleicht fragst Du Dich jetzt: „Wie soll das gehen?"

Ganz einfach: Du musst nur die Grenzen überschreiten, die das Denken Dir setzt. Es geht! Die *Lösung findest Du im Glossar am Ende dieses Buches.

8.3 Wiederholung Morgenritual

Gehe zurück zum Morgenritual und wiederhole die Affirmationen, die Du Dir aufgeschrieben hast. Durch die ständige Wiederholung der gesprochenen Sätze wird sich Dein Verstand neu ausrichten. Die Sätze wandern in Dein Unterbewusstsein.

Dein Verstand allerdings mag es einfach und bequem. Rechne also mit Widerstand Deines Verstandes:

Angenommen Dein Verstand könnte sprechen, dann würde er vielleicht Folgendes sagen: „Na so was!? Was ist denn jetzt los. Diese Gedanken sind ja völlig neu. Bist Du Dir sicher, dass Du DAS jetzt denken willst? Warum denn das?" Er würde vielleicht sagen: „Na gut, wie Du wünschst. Ich stehe Dir zu Diensten! Alles klar. Dann werde ich ab jetzt dafür sorgen, dass hier oben ausschließlich gute und aufbauende Gedanken reinkommen. Für ungute Gedanken stelle ich ein Stopp-Schild auf. Okay? Ich weiß zwar nicht, was das bringen soll ... Ja, ja, ist ja schon gut. Okay, ich habe verstanden. Du willst was Neues denken."

Fange an, Deinen Verstand mit neuen Gedanken aufzubauen. Sage Dir Sätze wie diese:

Ich erfülle meinen Verstand mit neuen, positiven und aufbauenden Gedanken.

Ich mag mich, so wie ich bin. Ich bin ich.

Ich bin völlig okay, so wie ich bin. Alles ist gut, so wie es ist.

Ich kann es probieren, mal sehen was passiert.

Ich bin und bleibe gesund. Ich schaffe das.

Ich mache das jetzt.

Folgen wir den weisen Worten von Clemens Kuby:

„Ich bin ein mich selbst heilendes Wesen.
Meine größte Kraft sind meine Gedanken,
die ich in Liebe mit der Allmacht des Geistes verbinde, zum Wohle von
uns allen." *(Lit. 36)*

8.4 Gedankenhygiene

Wenn wieder negative Gedanken kommen, die Dich herunterziehen, dann hinterfrage sie: Glaube ich diese Gedanken wirklich? Sind das liebevolle Gedanken? Ist die Antwort: „Ja", dann lasse sie zu und erfreue Dich an ihnen: „Schön, dass ihr da seid."

Ist die Antwort: „Nein", dann danke ihnen, dass sie als Gast gekommen sind, verabschiede Dich freundlich von ihnen und lasse sie weiterziehen. „Schön, dass ihr da wart."

Ich erfülle mich weiter mit neuen, positiven aufbauenden Gedanken.

Ich mag mich, auch wenn ich Angst, Sorgen und Unsicherheit spüre.

Lass mich heute sehen, was immer es zu sehen gibt.

Ich vertraue meiner Intuition. Sie ist immer für mich da. Das Leben ist für mich.

Wie schädlich negative Selbstbeeinflussung sein kann, demonstriert der Philosoph und Kommunikationsforscher Paul Watzlawick in „Die Geschichte mit dem Hammer".

„Ein Mann will ein Bild aufhängen. Den Nagel hat er, aber nicht den Hammer. Der Nachbar hat einen. Also beschließt der Mann, hinüberzugehen und ihn auszuborgen.

Doch da kommt ihm ein Zweifel: Was, wenn der Nachbar mir den Hammer nicht leihen will? Gestern schon grüßte er mich nur flüchtig.

Vielleicht war er in Eile. Aber vielleicht war seine Eile nur vorgeschützt und er hat etwas gegen mich. Und was? Ich habe ihm nichts angetan; der bildet sich da etwas ein.

Wenn jemand von mir ein Werkzeug borgen wollte, ich gäbe es ihm sofort. Und warum er nicht?

Wie kann man einem Mitmenschen so einfach einen Gefallen abschlagen? Leute wie dieser Kerl vergiften einem das Leben.

Und dann bildet er sich noch ein, ich sei auf ihn angewiesen. Bloß, weil er einen Hammer hat. Jetzt reicht's mir wirklich. –

Und so stürmt er hinüber, läutet, der Nachbar öffnet, doch noch bevor er 'Guten Tag' sagen kann, schreit ihn unser Mann schon an: 'Behalten Sie doch Ihren Hammer, Sie Rüpel!'" (Lit. 37)

Kommt Dir diese Aggressionskette bekannt vor? Achte deshalb auf Deine Gedanken. Übe Gedankenhygiene, übe Gedankenkontrolle!

8.5 Wünschen und imaginieren

Der Traum ist das Herz der Wirklichkeit.
Pablo Neruda

Es bringt nichts, zu denken: „Ach, das hätte ich gern!" Der Wunsch signalisiert dem Gehirn einen Mangel: Das habe ich nicht. Verhalte Dich nicht wie ein Zuschauer, der auf das Ergebnis schaut, sondern blicke immer vom Ergebnis aus zurück: Freu Dich über das, was Du erreicht hast! Rede darüber, wie Du es geschafft hast.

Nutze das Instrument „Schöpferische Imagination". Kinder imaginieren ganz natürlich jeden Tag. Uns Erwachsenen wurde es abtrainiert. „Träum nicht! Mach Deine Hausaufgaben! Sieh zu, dass Du eine gute Note in Mathe bekommst!"

Mit folgender Übung kannst Du dir das Imaginieren wieder zurückholen. Am besten wäre es, wenn jemand Dir die folgenden Zeilen vorliest. Es geht aber auch, wenn Du selbst den Text langsam und laut liest:

Schließe Deine Augen und stelle dir einen Baum vor. Wo steht er: Vielleicht im Park auf einer Wiese? Über und über ist er mit bunten Blättern bedeckt. Die Sonne scheint durch die Blätter und bringt sie zum Leuchten.

Zeit vergeht. Nebel wallt. Frost liegt in der Luft. Die bunten Blätter fallen herab. Jetzt liegen sie am Boden. Reif bedeckt sie. Schneeflocken decken sie sacht zu. Der Baum steht kahl. Es schneit stärker. Auf den nackten Ästen wachsen Häufchen aus weißem Schnee. Immer mehr wird er vom Schnee bedeckt, feste weiße Kristalle, die in der Kälte knistern. Er glitzert in der Sonne.

Endlich wird es wärmer. Der Schnee beginnt zu tauen. Der Frühling ist da! Der Baum erwacht. Langsam schiebt er seine Kraft in die Blütenknospen an den verknoteten Ästen. Immer dicker werden die Knospen. Jetzt öffnen sie sich, sie platzen. Was für eine Pracht! Die ersten Bienen umsummen die Blüten. Blätter entfalten ihre zerknitterten Flügel. Ein zartes Grün schmückt die Äste. Der Baum steht wieder in seiner Blätterpracht.

Wenn Dir das Imaginieren gefällt, versuche es mit *Phantasiereisen. Im Netz findest Du einige, zum Beispiel hier:
(Lit. 38)
Phantasiereisen findest Du auch in der Literatur, zum Beispiel hier:
(Lit. 39, Lit. 40)

Richtiges Wünschen in drei Schritten:
Übe Deine Vorstellungskraft! Imaginiere Dir im Geist Deine Vision, Deinen Auftrag an das Leben, Deine Bitte ans Universum.
Erlebe Dich in der gewünschten Situation. Sprich mit anderen darüber.
Erlebe Dich in der Erfüllung. So lange, bis Du voller Freude und Dankbarkeit bist.
Das Leben kann nicht anders. Die Energie folgt der Aufmerksamkeit.
(Lit. 41)

Wenn es Dir gefällt, kannst Du Deinen Wunsch in einem kleinen Vers schreiben und ihn wie einen Zauberspruch mit der Formel beenden: „So sei es!". Oder male ein Bild, wenn Dir das mehr liegt. Du kannst das Bild oder Deinen Vers direkt hinausschicken. Verbrenne das Papier und puste die Asche in den Wind. Nutze die Kraft des Feuerelements, um Deine Wünsche anzuzünden!

Achte darauf, positiv zu formulieren. Das Universum kennt keine Negation. Achte darauf, klar zu formulieren, und bedenke, was wirklich wichtig ist. Das Universum erfüllt immer nur einen Wunsch. Einen nach dem anderen.

(Lit. 42)

Wenn Du zweifelst oder denkst: „Hoffentlich hat das geklappt! Ach, das wäre schön, wenn das so einfach ginge!", bist Du wieder im Mangelbewusstsein. Dann kann das Leben nicht „liefern". Dann hast Du Deinen Wunsch erfolgreich abbestellt. Aber das ist nicht schlimm. Du kannst einfach neu bestellen.

Neunter Schritt: Lerne, Dich zu lieben

9. Wie komme ich in die Selbstliebe?

So wie Du dich selbst liebst, zeigst Du anderen, wie sie dich lieben sollen.
Rupi Kaur

9.1 Der Selbstwert-Check

Alles beginnt mit Deiner Selbstliebe. Selbstliebe beginnt mit Selbstbewusstsein. Betrachte Dein inneres Selbst. Sei ehrlich zu Dir. Wie reagierst Du auf folgende zwanzig Aussagen?

Ich finde mich attraktiv.
Ich habe ein normales Gewicht.
Ich rauche nicht.
Ich trinke nicht.
Ich bin stolz auf mich.
Ich bin wichtig für einige Menschen.

Ich habe Erfolgserlebnisse. Egal ob groß oder klein, ich sorge für Erfolgserlebnisse.

Meine Meinung ist gefragt.

Ich bin selten neidisch auf andere.

Der innere Kritiker äußert sich mäßig.

Ich kann Komplimente dankend annehmen.

Ich habe mehr Stärken als Schwächen.

Im Vergleich mit anderen schneide ich gut ab.

Ich kann Grenzen setzen und Nein sagen, wenn es sein muss.

Ich spreche normal laut.

Ich kann manchmal über mich selbst lachen.

Ich kann drei Dinge nennen, die ich an mir schön finde.

Ich kann drei Dinge nennen, die ich besser kann als andere.

Ich bin keine Perfektionistin. Perfektion ist die Angst, Fehler zu machen.

Ich habe selten Schuldgefühle.

(Lit. 43)

Mein Vorschlag: Lege jetzt das Buch zur Seite und sinniere darüber.

9.2 Experten-Ansichten über Selbstliebe

Bodo Schäfer unterteilt die Selbstliebe in:

Selbstbild: Bin ich dankbar für mein Leben? Ja! Wer bin ich?

Selbstachtung: Bin ich liebenswert? Ja, ich bin liebenswert! Verdiene ich ein gutes Leben? Ja!

Selbstvertrauen: Kann ich mit den Dingen so gut umgehen, die das Leben mir bringt? Ja! Ich finde mein Licht. Ich drehe mich vom Schatten weg – hin zum Licht. Ich werde mit allem fertig. Ich kann das.

Schreibe täglich ein Erfolgsjournal.

Stelle Dir täglich die folgenden Fragen, auch wenn es Dir schwerfällt:

• Was ist mir heute gut gelungen?

• Wofür bin ich heute dankbar?

• Wie kann jetzt die beste Zeit meines Lebens beginnen?

Folge dem Prinzip der *Hormesis!

Beginne, Belastung mit Freude zu verbinden, härte Dich ab wie ein Sportler. Durchhalten! Das macht Dich stärker und resilienter.

Sage Dir täglich:

„Ich werde besser. Ich entscheide, was ich denke!"

„Jeden Tag neu, jeden Tag positiv und voller Vertrauen!"

„Ich bin der Boss in meinem Körper!"

(Lit. 44)

Robert Beetz findet diese Worte:

„Ich habe es immer so gut gemacht, wie ich es konnte. Ich bin bereit, neu auf mich zu schauen, auf meine Vergangenheit. Ich bin bereit, mich neuen Gedanken zu öffnen. Ich habe immer mein Bestes gegeben."

(Lit. 45)

Laura Malina Seiler definiert drei Säulen der Selbstliebe:

Erste Säule: Auf welche Art und Weise denke ich über mich?

Zweite Säule: Wie tief erlaube ich mir, zu heilen?

Ich stehe zu meinen Gefühlen und nehme sie an. Denn ich bin vollständig und ganz und gar ich, schon immer. Wie konnte ich das vergessen? Ich lasse die Erinnerung zu, sie sagt mir, welche Essenz mich ausmacht. Ich begegne meinem inneren Kind, ich nehme es in den Arm und tröste es liebevoll. Ich habe Mitgefühl mit mir. Ich vergebe anderen aufrichtig, ich vergebe mir selbst. Ich gebe mir die Erlaubnis, zu heilen.

Dritte Säule: Auf welche Art und Weise fordere ich mich selbst heraus?

Ich verbinde mich mit meinem Ur-Bewusstsein. Es liegt hinter fünf Prozent Bewusstsein und 95 Prozent Unterbewusstsein.

Ich sage mir jetzt: „STOPP! Es reicht! Ich mache mich nicht mehr klein!"

Ich treffe eine Entscheidung: für mich, für die Liebe. Ich heile mich selbst. Ich öffne mich wieder für die Liebe. Hinter dem Schmerz liegt die Heilung. Zuerst lasse ich den Schmerz zu. Ich gehe ihm nach, bis auf den Grund. Ich erlaube mir, in den Schmerz zu gehen.

Ich begreife immer wieder neu: Ich bin Schöpfer meines Lebens. Immer, wenn mich etwas oder jemand verletzt, ist das ein Anstoß. Welche Frage stellt die Verletzung? Jede Antwort bringt mich auf meinem Weg ein Stück nach vorn.

Ich darf lieben. Ich darf ganz werden, mein ganzes Potential leben. Ich darf heilen. Ich will heilen. Ich wähle Liebe. Mein Herz hat unendlich viel Liebe. Liebe ist ein Seinszustand, also das eigentliche Sein eines Menschen – Liebe existiert unabhängig davon, was um mich herum geschieht. Wenn ich liebe, bin ich unantastbar, unverletzbar. Meine Natur ist es, zu lieben. Ich bin die Quelle der Liebe. Liebe ist die Quelle des Universums.

Ich lerne und begreife, dass jede Verletzung eine Einladung vom Leben ist. Ich muss hindurchgehen. Es gibt keine Abkürzung, keine Umleitung. Auf dem Weg wächst meine Seele, es wächst mein Herz. Mein Herz und mein Körper kennen die Antwort. Mein höheres Selbst leitet mich.

(Lit. 46)

Selbstliebe bedeutet auch, sich ein Leben aufzubauen, vor dem man nicht ständig ins Spektakuläre, in Ablenkungen, in den Kauf von schönen Dingen flüchten muss. Es ist in Ordnung, ein unspektakuläres Leben zu führen, wenn Du es genießt. Beneidest Du die Menschen, die vielleicht ständig um die Welt reisen

und von einem Abenteuer ins nächste stürzen? Diese Menschen haben auch ihre Baustellen, genau wie andere. Oft sind sie nur deswegen so viel unterwegs, weil sie sich getrieben fühlen. Geht es Dir nicht so, ist das kein Versagen – Deine Bedürfnisse und Verantwortungen sind einfach andere.
(Lit. 47)

Du bist einzigartig, großartig, andersartig, neuartig und derartig eigenartig. Steh dazu! Denn die Wahrheit ist:

Wunder
„Du musst daran arbeiten – wir alle müssen daran arbeiten –, dass die Welt ihrer Kinder würdig wird." (Pablo Casals)

Um sich in der Welt zurechtzufinden, braucht man das Wissen, das einem die Schule vermittelt. Aber was braucht man, um zu leben?

Das Wissen um die Einzigartigkeit jedes Augenblicks. Jede Sekunde, jedes Zwinkern, die Wärme der Sonne auf der Haut, das Schnurren der Katze, jeder Abschiedsschmerz, jeder Hexenschuss, jedes Lächeln, jede Träne sind ein Geschenk des Universums. Auch das müssen wir unsere Kinder lehren, nicht nur den Satz des Pythagoras und dass zwei plus zwei vier ist.

Wir sollten unseren Kindern die Liebe beibringen. Wir sollten ihnen sagen: Schau, wie einmalig wir sind, jeder Mensch, jedes Lebewesen. Du bist ein Wunder!, müssen wir ihnen immer wieder versichern. Glaub mir, ein Wunder bist du! Nie hat es einen Menschen gegeben, der dir aufs Haar gleicht, der deine Gedanken so denkt, wie du es tust, der die Farbe rot so sieht wie du. Nie wieder wird jemand so lachen wie du, mit diesem unverwechselbaren Kickser, nie wird jemand den Geschmack der Schokolade auf der Zunge so empfinden, wie du es tust. Du bist einzigartig – so wie jeder Mensch, so wie jedes lebende Wesen. Alle sind wir miteinander verbunden. Alles ist Liebe.

Mein Kind, alle Wege stehen dir offen. Du kannst ein Wissenschaftler werden, ein Steinmetz, ein Bäcker, ein Poet. Alles steckt in dir, alles ist möglich. Nutze deine Fähigkeiten!

Ein Kind spürt die Liebe wie eine Blume, die sich in die Sonne reckt. Ein Erwachsener muss sich für die Liebe entscheiden. Wer sich nicht entscheidet, verkümmert. Er trottet weiter, verprasst seine Gaben, verpasst sein Leben, verliert die Kette aus diamantenen Augenblicken. Vielleicht erhascht er manchmal ein Funkeln – das nennt er dann Glück.

Wer in Liebe lebt, wird nie aus Bosheit oder Eigennutz einem anderen Schaden zufügen. Jedes Wesen ist ein Wunder. Wer liebt und geliebt wird, weiß, was wirklich kostbar ist. (dazu auch Lit. 48, Lit. 49)

9.3 Realitätscheck

Das Leben, Dein Leben findet immer nur jetzt statt! Genau in diesem Augenblick, genau jetzt! Mache öfter einen Realitätscheck! Nimm den Rucksack der Vergangenheit, trete darauf, wirf ihn gegen die Wand und dann stell ihn in die hinterste Ecke und lass ihn vollständig los. Die Vergangenheit ist vergangen. Sie kommt ganz sicher nie wieder. Die Frage ist: Wie gehst Du mit ihr um?

Es geht nicht darum, in allem etwas Gutes zu sehen. Der Mist, der passiert ist, kann und soll ruhig Mist bleiben. Du hast das Recht, Situationen, Menschen und all das Negative aus der Vergangenheit zu verwünschen. Aber es ständig zu verfluchen und zu hassen, richtet sich nur gegen Dich selbst.

Unsere Stärke und wesentliche Bestandteile unserer Persönlichkeit sind aus Erfahrungen gewachsen – aus guten und aus schlechten Erfahrungen. Vor allem aus Fehlern lernen wir. Warum sollten wir uns ändern, wenn es uns gut geht?

Ich danke an dieser Stelle allen Freunden und Lehrern. Vor allem danke ich meinen *„Arschengeln" (danke Robert Betz für dieses Wort) für die Lektionen, die mir immer anzeigen, was ich noch in mir verändern kann.

Wenn wir es schaffen, diese Lektionen neutral zu betrachten und uns mit den Emotionen dahinter beschäftigen, dann können wir alle Erfahrungen annehmen. Der Kampf hat ein Ende.

9.4 So kommst Du in Deine Kraft: hilfreiche Tipps

Gewöhne Dir ein abendliches Ritual an: Schreibe in Dein Tagebuch oder Dein persönliches Journal:
Womit war ich heute zufrieden? Drei Dinge!
Was habe ich heute Gutes getan für mich? Drei Dinge!

Lerne, Dir selbst Dein bester Freund zu sein.
Lerne Distanz von Deinen Emotionen. Lerne, Dich liebevoll und nachsichtig von außen zu betrachten. Du hast einen Fehler gemacht, jemanden gekränkt, eine Dummheit begangen? Stell Dir vor, Deine beste Freundin sucht bei Dir Rat und Trost. Fehler passieren. Dummheiten muss man begehen. Der Schmerz, die Scham, die jetzt in Dir stecken, vergehen. Besser noch: Du kannst sie transformieren und neue Kraft daraus schöpfen. Das ist anstrengender, als die unangenehmen Gefühle einfach wegzudrücken. Aber es lohnt sich!
Erinnere Dich daran, was Du schon alles vollbracht hast. Ein Tagebuch hilft Dir dabei. Du kannst es immer hervornehmen, wenn es dir einmal schlecht geht und damit in Deine Vergangenheit eintauchen. Du bist immer wieder aufgestanden. Immer wieder bist Du über Deine Grenzen gegangen und hast das eigentlich Unmögliche möglich gemacht. Wie mutig Du bist! Wie stark!
Du bist wundervoll und einzigartig. Stehe zu Dir! Rede über Deine Wünsche, Deine Sehnsüchte, Deine Träume. Was tut Dir gut? Was tut Dir nicht gut? Finde Menschen, die Dir guttun und öffne Dich ihnen! Tausche Dich aus! Auf Augenhöhe! Meide Menschen, die Dich kleinmachen. Lerne, Dich zu schützen. Übe, „Nein" zu sagen. Was ist Dir unangenehm, was willst Du nicht? Hör auf Dich! Du hast so oft für andere gekämpft – jetzt ist es Zeit, Deine Kraft für die Person einzusetzen, die Du so lange vernachlässigt hast: Du selbst! Kämpfe für Dich! Wer sonst kämpft für Dich, wenn nicht Du?

Und bitte, hör auf, Dich mit anderen zu vergleichen. Mach Dich nicht klein. Sei ruhig auch ein bisschen neidisch. Neid kann ein mächtiger Motor sein, denn er zeigt Dir Deine eigenen Defizite und unerfüllten Wünsche. Erkenne ihn. Und dann lass ihn hinter Dir. Jeder geht seinen eigenen Weg. Jeder kämpft gegen andere Widerstände. Was Dir leicht fällt, bereitet anderen vielleicht große Probleme. Freue Dich mit, wenn jemand auf seinem Weg vorankommt. Das Glück und der Erfolg der anderen strahlen auch auf Dich.

Lass Deinen Perfektionismus hinter Dir. Du tust das, was Dir möglich ist, und immer noch ein kleines bisschen mehr. Lege das Gefühl ab, ein Hochstapler zu sein. Feiere Deine Erfolge. Wenn Dir Glück zufällt, wenn Du Erfolg hast, erlaube Dir Stolz und Freude: Du hast es verdient! (Lit. 50)

Im Folgenden beziehe ich mich auf Verse, die Charlie Chaplin zugeschrieben werden. Angeblich trug er sie 1959 zu seinem 70. Geburtstag vor. Es sind Erkenntnisse über Vertrauen, Selbstachtung, Authentisch-Sein, Reife, Ehrlichkeit, Selbstliebe, Einfach-Sein, Vollkommenheit und Herzensweisheit. Eine Recherche ergibt, dass die amerikanische Autorin Kim McMillen ähnliche Verse schrieb. Beide Schöpfer beginnen stets mit: When I loved myself enough. Kim McMillen schrieb ihre Verse im September 1996 kurz vor ihrem unerwarteten Tod. Ihre Tochter Alison berichtet über ihre Mutter, dass sie beschlossen habe, nach vielen Jahren voller Selbstvorwürfen und Kritik, sich der Suche nach Selbstmitgefühl zu widmen. Alison veröffentlichte das kleine Buch „When I loved myself enough" 2001. (Lit. 51)

Selbstliebe

„Als ich mich selbst genug liebte, begann ich alles, was nicht gesund war, aufzugeben. Dazu gehörten Menschen, Arbeitsplätze, meine eigenen Überzeugungen und Gewohnheiten – alles, was mich klein hielt. Mein Urteil nannte das illoyal. Jetzt sehe ich es als Selbstliebe."

(Kim McMillen, Lit. 52)

Vor zehn Jahren (2015) besuchte ich Hedwig Bönsch, eine mediale, hellsichtige Lebensberaterin im Land Brandenburg. Ich brauchte Hilfe. In der Schule kämpfte ich, meine langjährige Beziehung war aus und ich litt immer noch. Meine Kraft und mein Selbstbewusstsein waren weg. Ich fühlte mich elend.

Jetzt musste und wollte ich etwas tun. Für mich. In meiner miesepetrigen Stimmung hatte mich die Ärztin sofort krankgeschrieben. Es war das erste Mal, und ich hatte dabei kein schlechtes Gewissen. Ich fragte Hedwig: „Wo ist mein Platz im Leben? Wo gehöre ich hin? Wie kann ich lernen, 100 Prozent zu mir zu stehen?"

Hedwigs Antwort: „Karin, da wo Du stehst – da ist Dein Platz! Da bist Du genau richtig. Es ist Zeit, Deine Reise nach Innen anzutreten." Sie überreichte mir symbolisch eine Leiter für den stufenweisen Aufstieg in mein kraftvolles Selbst. Außerdem gab sie mir u. a. einen beeindruckenden Text: zehn Verse von Charlie Chaplin.

Ich verbrachte eine Nacht in Hedwigs Schäferwagen und machte Feuer im Kamin. Bereits beim Lesen der Verse liefen mir die Tränen. Etwas später verspürte ich inneren Frieden. Als ob sich der Deckel zu meinem Inneren gehoben hätte. Schlafen konnte ich nicht. Es war, als ob ich von innen zu erblühen beginne. Auf einmal herrschte Entdecker-Stimmung in mir. Was steckt in mir? Wer bin ich? Das wollte ich herausfinden!

In den folgenden Monaten schenkte mir das Leben viele Übungschancen. Es ging Stufen rauf und runter. Ich lernte peu à peu das Nein-Sagen, ich lernte, Grenzen zu setzen. Ich befand mich auf dem Weg zu meinem kraftvollen ICH. Alte Gefühle und den jahrelangen Stau im Bauch konnte ich loslassen. Ich fühlte, dass ich im Herzen ankam. Endlich fühlte ich mich wohl, in meiner Haut, in meinem Körper und in meinem Geist.

Neulich kramte ich die alte Audioaufnahme vom Coaching heraus und hörte verblüfft an meiner Stimme, wie klein ich mich damals fühlte.

„Das ist das Leben

Wir brauchen uns nicht weiter vor Auseinandersetzungen, Konflikten und Problemen mit uns selbst oder anderen zu fürchten, denn sogar Sterne knallen manchmal aufeinander und es entstehen neue Welten. Heute weiß ich, das ist das Leben." (Kim McMillen, Lit. 52)

Ich entscheide mich heute dafür, mich selbst mehr und mehr zu lieben. Schon am Morgen beginnt die Selbstliebe, wenn ich noch im Bett liege. Was denke ich da? Glaube ich das wirklich? Nein? Dann formuliere ich es um.

Nach all meinen Erfahrungen und Erlebnissen frage ich mich jetzt mehrmals am Tag. Wie geht es mir gerade? Was brauche ich jetzt? Was würde mir guttun? Dann versuche ich, mir das zu geben, was mir gerade guttun würde. Sei es ein Tee, eine gute Musik, ein gutes Buch, eine Meditation, ein paar tiefe Atemzüge, ein wenig den Körper dehnen und strecken, ein kurzer Mittagschlaf oder ein Stück Kuchen.

Das gelingt mir immer besser. Natürlich ist das am Wochenende einfacher umzusetzen, als in der Woche mit vielen Terminen. Doch hilft es mir schon, dass ich mir meinen aktuellen Gemütszustand von Zeit zu Zeit bewusst mache.

Da ich durch meine Auslandszeit in Südafrika geprägt bin, zitiere ich am Ende dieses Kapitels eine Rede, die *Nelson Mandela zugeschrieben wird.

Das stimmt nicht. Die Passage stammt von der US-amerikanischen Autorin Marianne Williamson und steht in ihrem 1992 erschienenen Buch „A return to love. Reflections on the Principles of a course in miracles". (Lit. 53)

„Jeder Mensch ist dazu bestimmt, zu leuchten.

Unsere tiefste Angst ist nicht, dass wir unzulänglich sind. Unsere tiefste Angst ist, dass wir grenzenlose Macht in uns tragen.

Es ist unser Licht, nicht unsere Dunkelheit, vor dem wir uns am meisten fürchten. Wer bin ich schon, fragen wir uns, dass ich schön, talentiert und fabelhaft sein soll?

Aber ich frage Dich, wer bist Du, es nicht zu sein? Du bist ein Kind Gottes. Dich kleiner zu machen, dient unserer Welt nicht.

Es ist nichts Erleuchtendes dabei, sich zurückzuziehen und zu schrumpfen, damit andere Leute nicht unsicher werden, wenn sie in Deiner Nähe sind.

Wir wurden geboren, um die Herrlichkeit Gottes, die in uns ist, zu offenbaren. Sie ist nicht nur in einigen von uns, sie ist in jedem von uns.

Wenn wir unser eigenes Licht strahlen lassen, geben wir unbewusst unseren Mitmenschen die Erlaubnis, dasselbe zu tun."

(Marianne Williamson, Lit. 53)

Zehnter Schritt: Sei im Hier und Jetzt!

10. Wie komme ich in die Achtsamkeit?

Manchmal setzen Menschen einfach voraus, dass Du verfügbar bist. Weil Du immer verfügbar bist.
Nedra Glover Tawwab

Alles soll schnell gehen heutzutage, alles gleichzeitig erledigt werden. Der hektische Alltag erfordert und fördert das Multitasking bei Arbeitnehmern, bei gestressten Eltern, sogar bei Kindern und Jugendlichen. Beim Telefonieren die E-Mails checken! Während der Matheaufgaben TikTok-Videos anschauen!

Doch Langsamkeit ist besser. Wenn mehrere Arbeiten gleichzeitig erledigt werden müssen, wenn zu viele Reize auf uns einstürmen, erhöht sich die Fehlerquote. Die Produktivität sinkt, statt zu steigen. Zudem stehen unser Gehirn und unser Körper unter Dauerstress.

Mittlerweile ist erwiesen, dass Multitasking zu Depressionen führen kann. Deshalb: Bleib in der Ruhe! Mach das, was Du gerade tust, mit Liebe und Konzentration – immer schön eins nach dem anderen! Der folgende Text soll das veranschaulichen. Es handelt sich um ein altes Gedicht aus der Philosophie des Zen.

Es findet sich in unterschiedlichen Wortlauten auch im Netz, zum Beispiel hier: (Lit. 54)

10.1 Tue, was Du tust!

Ein in der Meditation erfahrender Mann wurde einmal gefragt, warum er trotz seiner vielen Beschäftigungen immer so gesammelt sein könne. Dieser sagte:
Wenn ich stehe, dann stehe ich,
wenn ich gehe, dann gehe ich,
wenn ich sitze, dann sitze ich,
wenn ich esse, dann esse ich,
wenn ich spreche, dann spreche ich…

Da fielen ihm die Fragesteller ins Wort und sagten: Das tun wir auch. Aber was machst du darüber hinaus? Er sagte wiederum:
Wenn ich stehe, dann stehe ich,
wenn ich gehe, dann gehe ich,
wenn ich sitze, dann sitze ich,
wenn ich esse, dann esse ich,
wenn ich spreche, dann spreche ich…

Wieder sagten die Leute: Das tun wir doch auch. Er sagte zu ihnen:
Nein!
Wenn ihr sitzt, dann steht ihr schon!
Wenn ihr steht, dann geht ihr schon!
Wenn ihr lauft, dann seid ihr schon am Ziel!

10.2 Regulierung des Nervensystems durch Achtsamkeit

Folgen wir dem Podcast von Verena König zum Thema Achtsamkeit: (Lit. 55)

Achtsamkeit steht als Ausrichtung, Strömung oder sogar als eine Haltung, des Respekts und der Würde Dir selbst gegenüber. Gib Dir den Raum, in dem Du Dich entwickeln kannst. Nimm eine Position ein, die wohlwollend ist. Tue das, was zu Deinem Nervensystem passt, was für Dich passt. Worauf reagiert Dein Nervensystem mit Entspannung?

Mit den Reizen, die auf uns einstürmen, überfordern wir uns permanent. Um das Nervensystem zu entlasten, lerne, diese Komplexität liebevoll zu reduzieren. Dann erst kannst Du Dich auf wirklich Wichtiges einlassen: Dein Gegenüber. Wir Menschen sind ausgesprochen soziale Wesen. Wir brauchen einander für das Gefühl von Sicherheit, Freude, Geborgenheit. Zeige Präsenz mit allen Sinnen und mit dem ganzen Bewusstsein.

Ein dereguliertes Nervensystem ist auf der Suche nach Sicherheit. Es ist mit der Vergangenheit beschäftigt, es entwirft Pläne und Strategien für die Zukunft, es ist nicht im Hier und Jetzt. Alte Prägungen, die noch nicht verarbeitet sind, halten Dich im Gestern, Du malst Dir das Morgen aus und versuchst, alle Eventualitäten vorwegzunehmen, damit Du nicht scheiterst. Damit verschwendest Du Deine Lebenszeit. Bring Deinem Nervensystem bei, sich im Hier und Jetzt zu verorten. Nimm ihm die Angst und gib ihm Wurzeln, dann kann es die Gegenwart mit Entdeckerlust erkunden.

Tipp: Benutze Deine Sinne! Suche nach Mikro-Momenten, z. B. ein Kaffeeduft, der in die Nase steigt, die warme Decke, der Blick aus dem Fenster, ein bewusster Atemzug, das zufällige Lächeln eines Passanten – und beim Ausatmen entspannt sich etwas. Welche winzigen Dinge tun Dir gut? Kannst Du diesen winzigen Moment ausdehnen?

10.2.1 Bewusste Ausrichtung

Nimm eine Meta-Perspektive ein! Schau zurück und reflektiere. Die folgenden Fragen für eine bewusste Ausrichtung auf ein neues Jahr können Dir dabei helfen:

Mit welcher Haltung bist Du durch das vergangene Jahr gegangen?

Es geht jetzt in eine tiefere Ebene, die gespeist ist aus der Kraft der Werte. Welche Färbung und Energie haben Deine Handlungen?

Deine Handlungen führen zu einer inneren Haltung. Wie haben sich Deine Handlungen, wie hat sich Deine Haltung verändert?

Was war oder ist gefühlt die größte Bedrohung?

Stelle Dir diese Frage wohlwollend, denn sie führt in ein unangenehmes Feld. Jetzt wird der Stressor identifiziert!

Wie reagiert Dein Körper, wenn Du an diese vermeintliche Bedrohung denkst? Welche Stellen schmerzen, wo empfindest du Enge, wo machst Du Dich klein? Erlaube dem Atemfluss, zu weiten, was eng ist und den Schmerz zu lindern. Atme! Atme bewusst dorthin! Richte Dich auf, öffne Dich, mach Dich groß!

Was fehlt Dir? Was wünschst Du Dir? Welches unerfüllte Bedürfnis steht hinter der Angst oder der Wut, mit denen Du auf die vermeintliche Bedrohung reagierst?

Jetzt geht es an die Schmerzpunkte, die Defizite und Sehnsüchte. Das können sein: Geborgenheit, Ruhe, frei sein, respektiert werden, soziale Verbundenheit, Körperkontakt, fröhlich sein, feiern …

Welche Bedürfnisse aus der Kindheit schwingen hier mit? Forsche wertschätzend und wohlwollend mit dem Blick eines Erwachsenen aus der Gegenwart heraus. Sei Dir stets bewusst: Du kannst jetzt die Verantwortung für Dich übernehmen. Du kannst selbst dafür sorgen, dass Deine Bedürfnisse erfüllt werden. Begegne Deinem bedürftigen inneren Kind mit Liebe und Nachsicht. Umarme und tröste es, als wärest Du eine ältere Schwester oder ein älterer Bruder. Und dann verabschiede Dich von ihm.

Was kann Dir helfen, heilsam die Angst- und Bedürfniskaskade zu unterbrechen? Dein Körper wird Dich dabei unterstützen, diese Frage zu beantworten. Spüre, wie er reagiert! Lerne, auf ihn zu hören!

Wer oder was möchtest Du sein in diesem Jahr?
Diese Frage richtet sich direkt an Deine Schöpferkraft, Dein Potenzial, Deine Energie. Lass Bilder aufsteigen, zu Deiner beruflichen Entwicklung, zu Beziehungen, zu dem, was Dich bewegt.
Alles andere folgt dieser Kraft. (Lit. 56)

Welche Werte hast Du?
Zu meinen Werten zählen: Aufrichtigkeit, Bildung, Ehrlichkeit, Erkenntnis, Fairness, Freundschaft, Gerechtigkeit, Güte, Hilfsbereitschaft, Humor, Mitmenschlichkeit, Reflexion, Respekt, Toleranz, Umweltliebe, Verantwortung, Verständnis und Zuverlässigkeit. Ich strebe nach Weisheit.
Weisheit ist eine Eigenschaft, die Güte und Verstand vereint. Weisheit wird durch Erfahrung und Übung gewonnen. Weise Menschen sind geprägt von guter Energie, Lebenserfahrung, praktischem Wissen und Reife.

10.2.2 Umgang mit Belastungen

Georg Pieper, ein deutscher Psychologe und Traumatologe, stellt eine sich immer stärker ausbreitende Verunsicherung fest. Bei einigen Menschen liegt die latente oder auch manifeste Überbelastung an den Verhältnissen, an zu hoher Stressbelastung, Zukunftsängsten und der Unfähigkeit, das, was man hat, wertzuschätzen.

Depressionen und Ängste haben immens zugenommen.

Der Stiftung Depressionen zufolge sind insgesamt 8,2 Prozent, also 5,3 Millionen der erwachsenen Deutschen im Alter von 18 bis 79 Jahren im Laufe eines Jahres an einer unipolaren oder anhaltenden depressiven Störung erkrankt. Diese Zahl erhöht sich noch einmal um Kinder und Jugendliche und Menschen über 79 Jahre, die in der ausgewerteten Studie nicht erfasst sind, aber ebenfalls an Depression erkranken können. (Lit. 57)

Auf die Lebensspanne betrachtet, ist verschiedenen Studien zufolge etwa jeder fünfte bis sechste Erwachsene einmal von einer Depression betroffen.

Belastungen werden schneller als noch vor einigen Jahren als unzumutbar erlebt. Pieper berichtet von einem „Klagen auf hohem Niveau". Menschen klagen oder haben negative Sichtweisen, obwohl es ihnen objektiv gar nicht schlecht geht. Es gibt eine fatale Wechselwirkung zwischen unseren immer stärker wachsenden Ansprüchen, der trügerischen Sicherheit, alles im Griff zu haben, und dem Gefühl des totalen Scheiterns, wenn etwas nicht nach Plan läuft.

Pieper betreute Katastrophenopfer und arbeitete mit traumatisierten Menschen. Nach seinen Erfahrungen wird sichtbar, dass wir Menschen ungeahnte Heilkräfte in uns tragen. Diese werden aktiviert, sobald wir den ersten Schritt wagen. Der mag oft der Schwerste sein, und es ist tröstlich, zu erkennen, dass wir oft verschüttet geglaubte Fähigkeiten haben, auch schwerste Schicksalsschläge zu überwinden. Wir müssen nur lernen, diese Kräfte wieder freizulegen. (Lit. 58)

10.2.3 Wir sind für das Überleben gemacht

Der erste Schritt ist das Reden über das Erlebte. Schweigen und Verdrängen verlängern das Leid. Das ist eine Einsicht, zu der wir meist erst dann gelangen, wenn wir ein Problem, eine Krise bereits angepackt haben. Wenn wir noch mittendrin stecken, dann scheint es uns oft unmöglich, die Kraft zum Hinsehen aufbringen zu können.

Viele Menschen, deren Leben von einer Krise erschüttert wurde, sagen im Nachhinein, der Schicksalsschlag sei eine Chance gewesen.

Das unmittelbare und schonungslose Benennen der Realität in einer Stresssituation hilft, einen kühlen Kopf zu bewahren. So bleiben wir handlungsfähig. Steck nicht den Kopf in den Sand! Verschließe nicht die Augen vor der Wirklichkeit! Denk an Rumpelstilzchen: Mit dem Benennen des Unsagbaren verliert das Schreckliche seine Macht. Nur, wenn Du die Realität anerkennst, bleibst Du handlungsfähig – im Hier und im Jetzt.

Im Volksmund heißt es: „Lieber ein Ende mit Schrecken als ein Schrecken ohne Ende."

Ein altes chinesisches Sprichwort lautet: „Wenn man in der Dunkelheit sitzt, sollte man, statt fortwährend zu klagen, besser eine Kerze anzünden."

Solange Du nur über die Dunkelheit klagst, kannst Du nichts ändern. Erst wenn Du anerkennst, dass Du in der Dunkelheit sitzt, und dies unerträglich findest, kannst Du einen Plan entwickeln, wie eine Kerze und Streichhölzer aufzutreiben sind. (Lit. 59)

10.2.4 Gefühlsdiagnose

Gewöhne Dir an, Deine Gefühle zu erspüren. Halte immer mal wieder inne mit dem, was Du gerade tust, und beantworte folgende Fragen: Wie geht es mir gerade, in diesem Moment? Wie fühle ich mich? Achte auf Dein körperliches Empfinden wie z. B. Körperspannung, Atmung, das Gefühl von Leichtigkeit oder Schwere. In welcher Energie bist Du momentan? Wenn es Dir gut geht, dann lasse Dich von diesem wohligen Gefühl durchströmen.

Wenn es Dir nicht gut geht, versuche zu ergründen, woran das liegt. Frage Dich: Was fehlt mir in diesem Augenblick?

Praktiziere diese Übung in unterschiedlichen Situationen, beim Frühstück, beim Einkaufen, beim Anstehen an der Kasse, beim Warten auf die grüne Ampel, unter der Dusche, in der Wanne, beim Spaziergang, nach einem Gespräch mit einem Bekannten/Freund/Partner/Kollegen, beim Musikhören, beim Lesen, und nach unangenehmen Gesprächen oder Vorfällen, die nicht wie gewünscht verlaufen sind.

Mit etwas Übung wirst Du immer sensibler werden. Du wirst die Signale Deines Körpers schneller wahrnehmen und besser deuten.

10.2.5 Achtsamkeit im Meeting

Ein Übungsfeld kann eine Gruppensituation sein, in der Du nicht ständig gefordert bist, zum Beispiel ein Meeting. Halte kurz inne, wenn das Meeting schon eine Weile läuft, und richte Deine Aufmerksamkeit nach innen. Wie geht's Dir im Moment? Wie ist es, hier mit diesen Leuten zu diesem Thema zu sitzen? Spürst Du Unruhe oder gar Langeweile? Woran liegt das? Verspürst Du Interesse? Oder Lust, Dich einzubringen? Fühlst Du Dich unsicher? Wenn ja, durch wen oder was? Erforsche auch hier wohlwollend.

Dein Gefühl und Dein Körper geben Dir Auskunft über Deine momentane Verfassung. Je genauer Du das Gefühl und dessen Ursache erfassen kannst, desto eher fällt Dir etwas ein, wie Du die missliche Lage verbessern kannst.

Ich weiß noch, dass ich ganz oft eine Konferenz oder ein Meeting unter einem Vorwand verlassen musste und verlassen wollte. Ich konnte den Reden einfach nicht mehr folgen. Meist redeten die gleichen eloquenten Kollegen. Sie konnten sich kritisch, fordernd und sehr flüssig zu den verschiedensten Tagesordnungspunkten der Agenda äußern, oft überflüssig. Mit meinen Gedanken war ich schon woanders. Häufig habe ich nebenbei irgendetwas ausgeschnitten, geordnet oder vorbereitet.

Elfter Schritt: Das starke Tool Dankbarkeit

11. Wie übe ich Dankbarkeit?

Sobald Du anfängst, zu erkennen, wofür Du dankbar bist, gerät das, was dir fehlt, aus dem Fokus.
Germany Kent

11.1 Warum Dankbarkeit?

Die Dankbarkeit ist die kleine Schwester der bedingungslosen Liebe. Dankbarkeit ist eine Art Energie, Teil des Spektrums der Liebe. Zum Spektrum der Liebe gehören Anerkennung, Fürsorge, Mitgefühl, urteilsfrei sein. Finde mindestens fünf Dinge, für die Du dankbar bist. Ich übte mich täglich in Dankbarkeit und Selbstmitgefühl. Ich wollte Dankbarkeit finden und empfinden, nicht nur intellektuell.

Wenn Du aus tiefstem Herzen für etwas dankbar bist, dann beobachte Dich selbst, ob sich und wie sich Deine Energie verändert. Wirst Du leichter, lichter? Erlebst Du mehr Freude?

Dunkle Energie zieht uns herunter. Das kannst Du sehr deutlich spüren, wenn Du von Menschen umgeben bist, die ständig etwas zu meckern haben.

Höre auf Deine innere Stimme. Vielleicht ist sie sehr leise, da die Außenwelt um Dich herum ziemlich laut und fordernd ist. Schenke Dir selbst täglich ein paar Dankbarkeitsminuten.

11.1.1 Dankbarkeitsübung am Morgen

Danke, meine lieben Ahnen, dass ihr wart – so bin ich.

Danke, dass ich all eure guten Qualitäten und Gaben, die ich von euch in mir trage, in diese Welt gebären darf.

Danke, meine lieben guten geistigen Helfer, dass ihr immer da seid.

Danke, Mutter Erde, dass Du mich trägst.

Danke, meine lieben Engel und meine Arschengel, dass ich mich ständig weiterentwickeln darf.

Danke für die erfüllenden Tätigkeiten, die ich zurzeit ausübe.

Danke für mein Essen und Trinken.

Danke für fließendes Wasser aus dem Hahn.

Danke, dass ich mein Körper gesund ist.

Danke, dass ich offen und bereit bin für vollständige Heilung.

Danke für meine Heizung, die funktioniert.

Danke für meine gemütliche Wohnung.

Danke für meine guten Ideen, die immer da sind.

Danke für mein wundervolles Leben, das ich in Fülle leben darf – auf allen Ebenen.

Danke, dass ich mich voll und ganz annehmen kann, so wie ich bin, zu 100 Prozent.

Nach der Dankesübung habe ich jedes Mal sofort ein gutes Gefühl. Ich fühle mich verbunden mit allem, was ist, und freue mich auf meinen Tag. Wenn ich meine Dankbarkeitsübung beendet habe, dann fühle ich mich leicht und heiter. War ich vorher noch müde, so bin ich danach erfrischt, im wahrsten Sinne des Wortes.

Finde Deine eigenen Dankbarkeitssätze! Schreibe sie auf und lies sie Dir täglich laut vor. Tue das so lange, bis Du Deine Sätze frei sprechen kannst. Dann sprich sie frei.

Zwölfter Schritt: Ent-wickle Dich

12. In welches Ich möchte ich hineinwachsen?

Die Träumenden und die Wünschenden halten den feineren Stoff des Lebens in den Händen.
Franz Kafka

Stelle Dir folgende Fragen! Vergegenwärtige Dir folgende Aussagen:

Wer will ich zukünftig sein? Was will ich zukünftig tun?
Was will ich heute tun? Was liegt jetzt an?

Ich denke mich jeden Tag neu!
Alles ist möglich!
Ich freue mich auf meinen neuen Tag!
Ich freue mich auf die Geschenke des Tages.
Ich staune, was alles in mir steckt.
Ich bin gelassen und voller Freude.
Mir passieren die tollsten Sachen.
Ich fühle mich würdig und reich.
Ich bin verliebt in das Leben.
Ich fühle es bereits.
Ich bewege mich anders.
Ich rede anders.
Ich mache mich innig vertraut damit, bis es sich jetzt schon real anfühlt.
Ich fühle mich stark, sicher, geborgen, geliebt und geschätzt.
Kurz: Ich fühle mich wohl.

Ich bleibe fokussiert.

Ich spiele dieses Verhalten innerlich durch.

Ich habe völlig neue wunderbare Gedanken, und ich danke dafür.

12.1 Mein Verstand spielt mir wieder einen Streich

Wenn meine Gedanken zwischendurch abdriften und ich mich wieder zurückholen kann, ist das jedes Mal ein Sieg. Frage Dich und sage Dir:

Sind diese Gedanken liebevoll? Glaube ich diese Gedanken? Passen sie zu der Zukunft, in die ich gehen möchte?

Ich bin achtsam.

Ich versetze mich in meine Zukunft hinein.

Ich erzähle mir eine neue wunderbare Geschichte meiner Zukunft.

Ich schaffe es immer besser, meine Gedanken und Gefühle zu beobachten. Dann bin ich nicht mehr das Programm.

Ich glaube an mich selbst, dann glaube ich auch an meine Möglichkeiten.

Ich liebe mich. In Englisch sage ich: I love myself. Ich spiele mehr mit meiner Stimme und benutze mehr die Hände beim Reden. (Gut, ich muss ja nicht gleich eine Italienerin werden.)

Ich bin dabei, mich neu zu erfinden.

Auf Englisch: I am reinventing myself.

Ich bin eine „friedvolle Kriegerin", eine Frau, die für sich selbst und für die Liebe klar und konsequent einsteht. Ich bin auf meinem Weg der Liebe und bin in meinem Rhythmus. Ich lasse mich von nichts und niemandem beirren.

Mein Sinn des Lebens ist: Ich wachse am Leben.

Ich mache einen Vertrag mit mir selbst. Liegt eine herausfordernde Situation vor mir? Dann frage ich mich: Was würde eine weise Königin jetzt tun?

In Karin Kuschiks Worten: „Was würde denn jetzt eine klare, souveräne und geistreiche Frau tun?"

Die passende Antwort kommt direkt aus dem Herzen. Dafür bin ich dankbar. (Lit. 60)

12.2 Hast Du ein „Ja, aber ..."-Programm?

Die Sprache ist verräterisch: Ein „Aber" negiert alles, was vorher gesagt wird, ein „Eigentlich", oft kombiniert mit einem „Aber" trägt seine eigene Verneinung in sich: „Eigentlich wollte ich weniger arbeiten, aber ..." Die Sprache zeigt Deine innere Haltung und wie ernst Du Deine Bedürfnisse nimmst. Stellst Du Deine Bedürfnisse zugunsten scheinbar wichtigerer Anforderungen zurück? Achte auf Deine Sprache: Steckst Du in einem „Ja, aber ..."-Programm?

Ist das der Fall, erkenne es und lösche es dauerhaft. Es ist egal, was im Außen passiert. Du entscheidest, wie Du mit den Ereignissen des Lebens umgehst. Was kann wichtiger sein als Du? Wer kümmert sich um Dich, wenn Du das nicht machst?

Überprüfe immer Deine innere Haltung auf die Welt.

Dazu eine kleine Geschichte:

Eine Freundin erzählte mir, dass sie sich in der Therapiestunde alles von der Seele geredet hatte. Ihr Job als Ingenieurin forderte sie sehr. Diese Arbeit erfüllte sie schon lange nicht mehr. Das führte so weit, dass sie häufig krank wurde und für längere Zeit ausfiel.

Die toxische Beziehung zum Ex-Mann belastete sie zusätzlich. Die heranwachsenden Kinder waren stets hin- und hergerissen zwischen ihr als Mutter und dem Vater. Darauf riet ihr die Therapeutin: „Frau R., Sie müssen sich mal entspannen. Tun Sie sich etwas Gutes und kommen Sie zur Ruhe!" Meine Freundin entgegnete genervt: „Das würde ich gern, aber meine Umwelt lässt mich nicht!"

Mit dieser inneren Einstellung hatte sie sich selbst zum Opfer degradiert. Kommt Dir das bekannt vor?

Frage Dich jetzt: Willst Du Opfer sein? Oder willst Du Schöpfer Deines Lebens sein?

Wenn Du jetzt denkst: Ja, das ist ja alles schön und gut Karin, aber die Welt da draußen ist nun mal böse und ungerecht. Ich kann doch vor dem Elend nicht die Augen verschließen! Dann sage ich Dir: Das ist eine Seite der Medaille. Es gibt immer auch die andere Seite. Wir leben hier in einer Dualität. Zu jedem Schlechten gibt es das Gute. In jedem Leid stecken Chancen. Beginne, Dein Denken zu verändern.

Dreizehnter Schritt: Dein inneres Kind wartet

13. Wie heile ich mein inneres verletztes Kind?

Lass Dich nicht unterkriegen. Sei frech und wild und wunderbar.
Astrid Lindgren

13.1 Was ist das innere Kind?

Das innere Kind ist der kindliche Anteil in uns, der durch Erfahrungen aus der Vergangenheit geprägt wird – ein Sinnbild für Muster im Fühlen, Denken und Handeln, die ihre Ursachen in der Kindheit haben. Dieser Anteil unserer Persönlichkeit lebt in uns weiter, auch wenn wir erwachsen sind, und bestimmt in den meisten Fällen, wie wir uns fühlen und wie wir handeln – oft, ohne dass es uns bewusst ist.

Unser inneres Kind ist geprägt durch Kindheitserfahrungen wie emotionale Verletzungen und Traumatisierungen sowie durch Persönlichkeitsanteile, die wir mitgebracht haben.

Mein inneres Kind

- fühlt sich einerseits unsicher, abgelehnt, unzulänglich oder
- andererseits sicher, geborgen und voller Vertrauen in diese Welt.

Mein innerer Erwachsener

- weiß sehr genau, was gut und nicht gut für mich ist.
- weiß auch, dass viele der Ängste, die er (bzw. das innere Kind) verspürt, unnötig und übertrieben sind.
- ist handlungsfähig.

Gehe liebevoll mit dem inneren Kind um, wenn es sich kläglich fühlt! Tröste es, ermuntere es und erkläre ihm, warum es keine Angst zu haben braucht. Gib ihm Zuspruch, Zuwendung. Nimm es an, wie es ist, mit seinen Schwächen und Stärken! Nimm Kontakt zu ihm auf und sprich mit ihm oder schreibe ihm.

Schreibe Gefühle, Gedanken, Sorgen, Freuden und Erkenntnisse auf. Das stärkt unser Immunsystem, weil Schreiben entlasten kann.

Begreife und akzeptiere: Deine Kindheit ist vorbei. Lass sie los! Kein Märchenprinz, keine Fee, kann Dir geben, was Deine Eltern Dir nicht geben konnten. Vielleicht war Deine Mutter überfordert. Vielleicht wurde sie selbst von ihrer Mutter nicht angenommen und nicht so geliebt, wie ein Kind das braucht.

Was Du heute tun kannst, ist – allen zu verzeihen, die Dir Schmerzen zugefügt haben. Die anderen sind frei und auch Du bist frei.

Lass die Vergangenheit los.

Die gute Nachricht lautet: Jetzt bist Du für Dich verantwortlich. Du bist erwachsen. Du musst die Erziehungsarbeit leisten, die Deine Eltern nicht leisten konnten, bzw. versäumt haben. Du als Erwachsener kannst Deinem inneren Kind die Unterstützung und Anteilnahme geben, die es benötigt und nach denen es sich so sehr sehnt. So befreist Du Dein inneres Kind vom Stress, beruhigst es, nimmst ihm die Unzufriedenheit und kannst es in

Deine Persönlichkeit integrieren. Wenn es weiß, dass es gesehen und gehört wird, wird Dein inneres Kind Dir ein wertvoller Helfer und eine große Bereicherung sein.

Ich mache mir bewusst: Ich bin unschuldig auf diese Welt gekommen. (Lit. 61)

Die Geschichte von Hans Kruppa macht das deutlich.

Das innere Kind

„Manchmal habe ich das Leben so satt!", klagte eine Frau ihrer besten Freundin. „Es besteht nur aus Wiederholungen! Den verdammten Wecker hören, aufstehen, duschen, anziehen, zur Arbeit gehen, nach Hause zurückkommen, Abendessen, Fernsehen – und wieder ins Bett gehen. Gut, nicht jeder Tag ist so, aber die allermeisten. Manchmal habe ich das Gefühl, dass ich gar nicht mehr ich selbst bin. Dass ich nur noch wie ein Roboter täglich aufs Neue die gleichen Dinge tue, ohne zu spüren, dass ich wirklich lebe."

„Ich weiß, was Du meinst", erwiderte ihre Freundin. „Es geht mir genauso. Ich habe noch vor kurzem darüber nachgedacht, was man machen kann, um sich gegen die Macht der ewigen Wiederholungen zu wehren."

„Und – hast Du etwas herausgefunden"?

„Ja, man muss versuchen, das, was man zum tausendsten Mal tut, so zu tun, als wäre es das erste Mal."

Ihre Freundin hob abwehrend die Hände. „Ja, man kann natürlich so tun. Aber letztlich betrügt man sich doch nur selbst, weil man insgeheim genau weiß, dass man es zum tausendsten Mal tut."

„Nein!", erntete sie Widerspruch. „Wenn man sich mit Haut und Haar und mit offenen Sinnen in die Situation hineinbegibt, dann ist da etwas, das stärker ist als die Routine."

„Und was ist das?"

„Ich weiß nicht, wie ich es benennen soll", gestand die Freundin und zuckte mit den Schultern.

„Versuche es!"

„Das innere Kind! Ja, man muss sein inneres Kind ans Ruder lassen",

erwiderte sie nach längerem Nachdenken. „Man muss den Augenblick mit den Augen des Kindes betrachten, das man einmal war, und das man auch wieder sein kann, wenn man sich ganz und gar auf die Gegenwart einlässt. Es gelingt mir nicht immer. Doch wenn es mir gelingt, fühle ich mich glücklich."

(Lit. 62)

13.2 Mein ganz persönlicher Brief an mein inneres Kind

Meine liebe Karin,

Oft mache ich mir so meine Gedanken um Dich, weil ich sehe, wie sehr Du Dir selbst im Weg stehst. Du grübelst und grübelst und vergisst total, in die Handlung zu gehen. Du bist ein tolles Wesen, eine gute Schwester und Freundin, und Du hast schon so viel erreicht. Du bist ein so liebevoller Mensch. Ohne Künstlichkeiten kann man mit Dir ins Gespräch kommen. Du nimmst Anteil, bist mitfühlend, hilfsbereit und hast viel Geduld.

Deine ganze Unsicherheit kam daher, weil Du Dir zu wenig getraut hast und Angst hattest, nicht zu genügen. Doch lass Dir sagen, dass diese Ängste unbegründet sind. Niemand ist perfekt. Diese unguten Gefühle stammen aus Deiner Kindheit. Mit Mutti und Papi in der Kindheit, das war schon manchmal schwierig. Mutti war überfordert mit der Erziehung ihrer vier Kinder, und Papi hat sich kaum getraut, etwas zu entgegnen. So übernahm Mutti die Erziehung. Aus Hilflosigkeit, Verzweiflung und Stress rutschte ihr oft die Hand aus, oder sie nahm den Ausklopfer oder einen Hausschuh. Das tat physisch und psychisch weh.

Du fühltest Dich in diesen Momenten nicht geliebt und angenommen. Du fühltest Dich nicht gesehen und nicht gehört. Es war nicht Deine Schuld. Du hast gelernt, brav zu sein, warst schüchtern und angepasst. Deinen Willen durchzusetzen, das ging nicht.

Erst als Du in die Pubertät kamst, da wurdest Du mutiger und hast Dich widersetzt. Mit Deiner älteren Schwester zusammen habt ihr euch Freiheiten erkämpft.

All die Kindheitserfahrungen haben Dich geprägt. Aber es ist immer eine Entscheidung, die alten Geschichten in Frieden loszulassen. Sie sind vorbei und kommen nicht mehr wieder. Du kannst sie also wirklich als Geschichte betrachten und loslassen. Du kannst voller Mitgefühl für Deine Eltern sein, die es so gut gemacht haben, wie sie eben konnten. Du hast doch schon längst Deinen Frieden mit ihnen gemacht. Und das ist gut so.

Dein Ich, oder besser gesagt Dein Erwachsenen-Ich, sagt: Ich versichere Dir, dass ich immer für Dich da bin. Ich versichere Dir, dass es wunderbar ist, dass Du auf der Erde bist. Ich versichere Dir, dass ich mich immer um Dein Wohl kümmern werde. Ich halte Dich in meinem Arm und drücke Dich zärtlich an mich.

Deine Karin

Ich machte mir bewusst, dass meine Glaubenssätze aus der Kindheit stammen und tief in meinem Unterbewusstsein stecken. Ich machte mir auch bewusst, dass sie ein Programmierungsfehler sind. Die alten Überzeugungen haben mir das Leben gerettet. Sie haben mir geholfen, in einer feindlichen Welt zu überleben. Wie clever ich war und wie tapfer! Aber jetzt waren sie nicht mehr von Nutzen. Ich erkannte die Fehlprogrammierung an, sie färbte die Sicht auf mich und die Welt grau. Heute kenne ich die Wahrheit: Ich bin genau richtig.

Ich redete mit meinem inneren Kind. Ich hörte ihm zu. Wenn es weinte, tröstete ich es. Wenn es trotzte, hielt ich es liebevoll. Unermüdlich versicherte ich ihm: „Du bist genau richtig, so wie Du bist. Du bist einmalig auf dieser Welt. Du bist ein Kind, das offen ist, neugierig, wissbegierig, gerne liest, gerne singt und musiziert. Du kannst auf Menschen offenen Herzens zugehen. Du tanzt gern, bewegst Dich gern und willst etwas bewegen in der Welt. Du liebst die Natur. Das alles bist Du!"

13.3 An alle Eltern der Welt

Exkurs: Fördernder Erziehungsstil der Eltern

Wir lieben Dich, so wie Du bist. Das gilt immer und in allen Situationen – auch wenn wir manchmal Deine Verhaltensweisen nicht gutheißen. Du sollst wissen: Wir beschützen Dich und stehen zu Dir, egal, was andere über Dich sagen.

Du sollst Dich nicht verbiegen, um unsere Erwartungen zu erfüllen. Wir fördern Dich nach Deinem Potential und nicht nach unseren eigenen Wünschen.

Du sollst Dich nicht übermäßig anpassen, um unseren Strafen zu entgehen. Natürlich erlauben wir Dir nicht alles, und Du musst Dich an Regeln halten. Doch Du sollst Deine Bedürfnisse nicht unterdrücken. Wir gehen nicht einfach darüber hinweg, wenn Du andere Vorstellungen hast als wir.

Du darfst NEIN sagen, ohne von uns Liebesentzug fürchten zu müssen oder Reaktionen, die Dich beängstigen. Wir respektieren Dein Recht auf physische und psychische Unversehrtheit und nutzen nicht aus, dass Du abhängig von uns bist.

Wir sind immer bereit, zu verhandeln. Vielleicht werden wir Deinem Willen nicht immer nachgeben, schließlich haben wir als Erwachsene die Verantwortung, Dich zu schützen. Aber wir hören Dir zu. Du hast eine gute Chance, uns von Deinem Willen zu überzeugen.

Dieser Erziehungsstil fördert den Selbstwert eines Kindes. Diese Botschaften der Eltern an das Kind sind ehrlich, und das Kind lernt, dass es so, wie es ist, grundsätzlich in Ordnung ist. Das Kind lernt, sich selbst zu akzeptieren. Dies schließt die eigenen Schwächen ein. Die eigenen Schwächen sind jedoch keine Quelle der Scham, sondern sie stellen eine Entwicklungsmöglichkeit dar.

(Lit. 63)

13.4 Ich schaue mir das Schattenkind an

Ich darf mein inneres Programm reflektieren und auflösen.

Auf eine A4-Seite habe ich eine Figur gemalt: Das bin ich. Links daneben habe ich Adjektive für unsere Mutter geschrieben, die beschreiben, wie ich sie als Kind wahrgenommen habe:

überfordert, knallte die Türen und rannte raus, wenn es ihr zu viel wurde, schimpfte viel, war uninteressiert, kein Einfühlungsvermögen, schlug uns, stand nicht zu uns, war inkonsequent, hat oft mit Papi geschimpft

Ich schrieb negative Sätze unserer Mutter auf:

„Das macht man nicht!"

„Die Erwachsenen wissen es besser als die Kinder!"

„Mädchen machen das nicht!"

„Ihr wollt wohl schlauer sein als die Eltern?"

„Ihr werdet noch mal in der Gosse landen!"

Der letzte Satz erinnert mich an Ausflüge mit meiner Schwester Petra: Sie war 16 und ich 14 Jahre. Wir gingen regelmäßig zur Disko oder zum Tanz und kamen nachts angetrunken nach Hause.

Das Gleiche machte ich für meinen Vater.

Ich schrieb passende Adjektive für meinen Vater rechts neben die Figur:

ruhig, wortkarg, hat viel gearbeitet, konnte gegen Mutti nicht viel ausrichten, hielt sich aus der Erziehung raus, war fleißig im Garten

An negative Sätze meines Vaters konnte ich mich nicht erinnern. Hatte er keine?

Ich schrieb meine alten Glaubenssätze in die Mitte der Figur:

Ich komme zu kurz.

Ich fühle mich nicht gesehen.

Ich muss funktionieren.

Ich werde nicht umarmt oder geherzt.

Meine Meinung wird nicht gehört.
Ich bin nicht wichtig.

Das waren alles miese kleine Sätze.

13.5 Wahrnehmungsverzerrung

Dass meine persönliche Wahrnehmung verzerrt ist, kann ich in dem Moment, in dem das Ereignis stattfindet, nicht erkennen. Die Verzerrung kann im besten Fall im Nachhinein reflektiert werden.

Die miesen kleinen Sätze weiter oben sagen nichts über mich und meinen Wert aus, sondern ausschließlich über den Erziehungsstil meiner Eltern. Mein Erwachsenenverstand musste erkennen, dass sie Unsinn sind.

Ich fühlte Traurigkeit, Wut, Hilflosigkeit. Für mein Leben bedeutete das:

Ich ging Konflikten oft aus dem Weg. Ich traute mich nicht, meine Meinung zu sagen. Meine Schutzstrategien waren:

Ich verdrängte viel.

Ich fühlte nicht viel.

Ich wollte Harmonie und passte mich an.

13.6 Bewusstwerdung

Ich distanziere mich von diesen alten Glaubenssätzen! Ich habe keine Schuld am Verhalten meiner Eltern. Das muss ich meinem Schattenkind erklären, damit es das auch begreift.

Es kommen wieder ungute Gefühle in mir hoch. Ich bin traurig. Ich fühle mich blockiert und verunsichert.

„Du bist ein leuchtender Stern von Geburt an, auch wenn Du Dich manchmal 'ungünschtig' verhältst." (Jens Corssen, Psychologe und Erfinder des Selbst-Entwickler-Konzepts)

13.6.1 Übung, um ungute Gefühle loszuwerden

Den Körper schütteln, alles abklopfen,
Mit der Aufmerksamkeit jeweils 15 Sekunden da bleiben: Füße, Beine, Po, unterer Rücken, Schultern und oberer Rücken.
Dann eine warme Welle der Erleichterung von unten nach oben und wieder zurück, mehrmals durch den Körper schicken.

Ich legte einen kleinen Abstand zwischen meinem Schattenkind und meinem Erwachsenen-Ich ein.
Kinder können keine schlechten Menschen sein. Sie können nerven und anstrengend sein. Kinder müssen sogar nerven. Das ändert nichts an ihrem Wert. Wenn Eltern mit der Erziehung überfordert sind, dann müssen sie sich Hilfe holen. Ein Kind hat ein Recht darauf, dass seine seelischen und körperlichen Bedürfnisse erfüllt werden. Es ist die Aufgabe der Eltern, die Gefühle und Bedürfnisse ihres Kindes zu verstehen. Es ist die Aufgabe der Eltern, ihr Kind zu lieben und es auf dieser Welt willkommen zu heißen. Wenn Eltern die Eigenschaften ihres Kindes wie andere Interessen oder einen Durchsetzungswillen abwürgen, stellen sie sich selbst ein Armutszeugnis aus.

Ich denke: Mein Schattenkind hat Angst, nicht zu genügen, nicht geliebt zu sein. Ja, so ist es. Das ist mein Schattenkind.
Ich gehe in eine Situation aus der Kindheit, in der ich mich einsam, missverstanden oder ungerecht behandelt gefühlt habe.
Dann nehme ich als Erwachsenen-Ich mein Schattenkind in den Arm. Ich imaginiere, heile und tröste es: „Ich heiße Dich willkommen, Du darfst da sein. Weißt Du, Mutti und Papi haben ja vieles richtig gemacht und wir sind sehr froh mit ihnen. Eines hätten sie besser machen können: uns mehr Liebe geben, uns umarmen und mit uns herumtollen, herumalbern oder kuscheln. Sie hätten uns öfter sagen können, wie sehr sie uns liebhaben und wie stolz sie auf uns sind.

Oje, mein armer Schatz, das war alles nicht so einfach für dich! Sie hätten sich Erziehungshilfe holen können, wenn sie mit uns überfordert waren. Mutti und Papi haben Fehler gemacht, nicht Du! Das ist mir ganz wichtig, dass Du das verstehst. Das alles war nicht Deine Schuld. Wenn sie nicht so überfordert gewesen wären, dann wüsstest Du, dass Du so, wie Du bist, vollkommen genügst."

13.7 Fiktion und Wirklichkeit

Es ist nie zu spät, eine gute Kindheit zu haben.
Erich Kästner

Das Gehirn kann nicht unterscheiden zwischen Fiktion und Wirklichkeit. Deshalb ist es möglich, alte Kindheitserinnerungen zu überschreiben. So gehe ich dabei vor:
Ich atme. Ich bin. Ich glaube an mich. Ich vertraue dem Universum, dass für mich gesorgt ist. Ich bin Schöpfer in meinem Leben. Ich glaube daran, dass ich eine passende Aufgabe für mich finde. Ich glaube daran, dass sich eine neue Tür für mich öffnet. Ich danke für die Chance, mich neu zu finden in dieser „Auszeit". Ich glaube daran, dass sich zur rechten Zeit alles für mich zum Guten entwickelt und ich ein erfülltes Leben haben darf. Ich glaube daran, zu erkennen, wer ich wirklich bin. Ich glaube an eine große spirituelle Kraft. Wenn ich im Alltag in meine alten Glaubenssätze abrutsche, dann streichele ich meinem Schattenkind einfach über das Köpfchen und tröste und beruhige es.

Es dauerte, bis mein „inneres Kind" sich beruhigen ließ. Immer wieder kam eine alte Verletzung hoch. Ich gab ihm weiterhin Liebe, Trost und Schutz.
Ich schrieb Sätze auf: Mein inneres Kind. Ich glaube an dich. Ich weiß, dass Du immer Dein Bestes gibst. Du bist genug. Du

darfst Dich selbst lieben und schön finden. Du darfst Dich zeigen, genauso wie Du bist. Du darfst Freude haben an allem, was Du tust. Vertraue dem Leben! Du darfst Liebe empfangen! Du bist jederzeit dort, wo Du sein sollst. Du bist sicher und geborgen. Du bist ein Geschenk für diese Welt. Du darfst stolz auf Dich sein. Du wirst unendlich geliebt. Du bist wertvoll. Du bist mutig. Du bist stark. Du darfst alle Emotionen zulassen. Alles, was Du fühlst, ist okay. Du verdienst es, glücklich zu sein. Du darfst das Beste vom Leben erwarten. Es steht dir zu. Sprich liebevoll mit Dir selbst. Teile Dein Leuchten mit dem gesamten Universum. Dein Herz nimmt den Schmerz auf und heilt. Du darfst vergeben.

Meinen Lieblingssatz von meiner Psychotherapeutin konnte ich mir sofort merken: „Frau Buzin, Sie dürfen schön sein und pieksig – wie eine Rose!"

13.8 Ich erwecke und stärke mein Sonnenkind

Ich habe eine Figur auf eine A4-Seite gemalt: Das bin ich. Links daneben habe ich positive Adjektive für unsere Mutter geschrieben:
konnte gut nähen und stricken, kochen und backen, gut vorlesen, gut singen, spielte auf ihrer Laute, stärkte uns täglich mit einem Löffel Travidyn (Multivitaminsirup), kannte sich aus mit Blumen, Kräutern und Pilzen, konnte gut gärtnern, Obst verarbeiten, z.B. Pfirsiche einwecken

Positive Sätze von meiner Mutter:

„Alles ist gut, so wie es ist."
„Wir nehmen das Leben, so wie es ist."
„Wir machen das Beste draus."
„Wenn es alle ist, dann ist es alle, dann kaufen wir wieder ein."

Das Gleiche habe ich für meinen Vater getan:

ruhig, gelassen, friedlich, reparierte Schultasche/Schuhe/Fahrräder ...,
spitzte unsere Bleistifte mit dem großen Messer an, baute mir aus einer
Sperrholzplatte eine grüne Tafel, machte Ausflüge mit uns wie z.b. Eis-
laufen auf dem See, Ferien an der Ostsee/ Trassenheide oder im Thürin-
ger Wald.

Ich schrieb meine neuen Glaubenssätze in die Mitte der Figur:
Ich schätze mich.
Ich bekomme genug.
Ich werde gesehen und gehört.
Ich werde geliebt und umarmt.
Meine Meinung ist wichtig.
Ich bin willkommen.
Gut zu sein reicht.
Ich genieße mein Leben.
Ich überwinde das Leid und den Mangel.
Ich bin gesund.
Ich bin wohlhabend und vermögend.
Ich bin für meine Familie, Freunde, Kollegen und Mit-
menschen wichtig.
Ich darf sein, wie ich bin.
Wie bin ich?
Ich bin: geduldig, hilfsbereit, kreativ, humorvoll, ehrlich, gebil-
det, loyal, sozial kompetent, sympathisch, diszipliniert, attraktiv,
tolerant, verbindlich, großzügig, wissbegierig, achtsam, vielseitig
interessiert, wohlwollend, zuhörend, zuverlässig, reflektiert.

13.9 Maßnahmen, wenn ich ins „Schattenkind" rutsche

• Ich ertappe mich dabei. Ich trete einen Schritt hinter mich
und beobachte mich. Ich beruhige mein Schattenkind: „Ja, so ist
das. So fühlt sich das an."

• Ich handle, indem ich vom Schattenkind sofort umschalte ins Sonnenkind. Zwei Bewegungen helfen: zuerst Schulterkreisen nach hinten, dann beide Arme hochhalten (Siegerpose) und auf die Zehenspitzen, Blick nach oben, lächeln (Es ist eher eine Grimasse. Egal – es wirkt).

• Ich sorge dafür, dass ich in gute Stimmung komme.

• Ich übernehme Verantwortung für mein Denken und Fühlen. Ich beobachte mich selbst. Ich ändere bewusst meine innere Haltung.

• Ich arbeite mit dem neuen Wissen aktiv an mir. Ich bin wohlwollend mir selbst gegenüber. Das Leben macht keine Fehler. Menschliche Probleme sind eine Illusion. Das Leben meint es gut mit mir. Alle meine Wünsche erfüllen sich jetzt.

13.10 Meine Wünsche für die Zukunft

Ich wünsche mir eine Tätigkeit mit Kindern, mit Menschen, in der ich mich mit meinen guten Ideen einbringen kann.

Ich wünsche mir eine Tätigkeit, bei der ich mitgestalten kann. Mit optimistischen Menschen möchte ich gemeinsam Gutes schaffen. Ich möchte unabhängig von hierarchischen Strukturen arbeiten. Am liebsten möchte ich selbstständig sein, mit eigenen Projekten für Kinder und Jugendliche mit und ohne Behinderung auf einem Kinderbauernhof mit Hofcafé, bed & bike und Heuhotel …

In meiner Freizeit treffe ich Menschen, die mir guttun. Ich singe, tanze, koche, backe, lese und bilde mich stets weiter. Ich habe bereichernde soziale Kontakte.

Was sind Deine Wünsche für die Zukunft?

Vierzehnter Schritt: Übe Versöhnung!

14. Wie kann ich mir selbst und anderen vergeben?

Es gibt kein Licht, das nur für sich leuchtet. Ein jedes Glück erleuchtet die Welt.
Hans Margolius

14.1 Spannung versus Entspannung

Niemand kann ohne Stress durchs Leben gehen. Nur zu viel oder zu lange anhaltender Stress kann sich negativ auswirken und die Freude nehmen.

Obwohl ich bereits schon lange nicht mehr Vollzeit gearbeitet habe, war es immer gefühlt so. Beim Arbeiten in der Schule war die Sinuskurve ganz oben – Anspannung pur. In den Ferien war die Sinuskurve ganz unten – Entspannung pur. Das gefiel mir nicht. Ich wünschte mir eine erfüllende Tätigkeit, bei der Spannung und Entspannung ausgewogen sind.

Als damalige Gesundheitsbeauftragte der Wilhelm-Hauff-Grundschule (Brennpunkt-Schule im Wedding) durfte ich alljährlich zum „Regionalen Gesundheitstag" gehen. Der Tag war stets hervorragend organisiert. Acht Kolleginnen der Schule durften mitkommen. Was für ein schöner Tag mit inspirierenden Inputs wie z. B. einem Impulsvortrag zu Herzgesundheit oder Workshops zu grünen Smoothies oder Lach-Yoga.

Wenn ich den Tag abends Revue passieren ließ, kam ich stets zur gleichen Erkenntnis. Das war mal wieder ein Tropfen auf den heißen Stein. Immerhin, ein Tropfen.

14.2 Verstand und Herz

In den Sommer- oder Herbstferien fuhr ich regelmäßig eine Woche zur medizinischen Kur nach Polen oder Tschechien um mich fit für ein neues Schuljahr zu machen. Moorbäder, Massagen, Strandspaziergänge, Ruhe, Stille, Seeluft, Heilwasser, das brauchte ich alles.

Die Signale meines Körpers habe ich viele Jahre einfach nicht verstanden bzw. erfolgreich ignoriert. Ich hatte über Jahre einen energie-raubenden Job.

Ich war gerade knapp zwei Monate an der letzten staatlichen Grundschule. Während der Langzeiterkrankung fanden Gespräche mit der Schulleiterin statt, mit dem Personalrat, mit der schulpsychologischen Beratungsstelle (SIBUZ). Es kam der Vorschlag: eine neue Schule, nach der Reha, mit dem Hamburger-Modell – eine langsame Eingliederung?

Ich dachte ernsthaft ein paar Tage darüber nach. Ich fuhr mit der S-Bahn nach Steglitz und stellte mich in einer Grundschule vor. Noch war ich gefangen in der Illusion der Sicherheit. Das Gehalt vom Senat kam pünktlich und regelmäßig. Die Ferienzeit gehörte mir. Es gab immer eine Handvoll inspirierender Kolleginnen an jeder Schule.

Mein Verstand blieb hartnäckig und hämmerte: „Bleib bei diesem Job!" Mein Herz sagte: „Hör auf damit, das tut dir nicht gut. In diesem veralteten, kranken Schulsystem bist Du längst nicht mehr richtig. Behalte Deine Kreativität. Es gibt andere Möglichkeiten für dich, die Entwicklung der Kinder zu fördern."

Noch während meiner Depression, gleich nach der Reha, kündigte ich dem Berliner Senat. Besser gesagt, ich bat um Aufhebung meines Arbeitsvertrages im gegenseitigen Einvernehmen. Ich wollte frei sein, um mich woanders bewerben zu können. Um keinen Preis wollte ich zurück an die reformpädagogische Schule gehen – auch kein Hamburger-Modell. Ich war mit dem Lehrerjob endgültig durch, und ich fühlte mich überhaupt nicht wohl dabei.

14.3 Verzeihensdiät

In meiner anfänglichen depressiven Phase, geprägt von extremer Unsicherheit und Zukunftsangst, sagte ich mir täglich:

„Ich, Heike Karin Buzin, verzeihe mir, dass ich nicht mehr als Lehrerin arbeite."

Zusätzlich schrieb ich den Satz sieben Tage lang hintereinander auf, je siebzig Mal. Nach siebzig Mal schmerzte meine Hand und ich wurde ruhiger.

Ich hatte mich so sehr über meinen Beruf als Sonderpädagogin definiert und wusste nicht im Geringsten, was ich sonst tun könnte. Ich weiß noch genau, wie ich beim Psychiater saß und ihn tonlos fragte: „Wer bin ich denn noch, wenn ich nicht mehr als Lehrerin arbeite?" Er antwortete gelassen: „Bei Ihrer Qualifikation gibt es doch viele Möglichkeiten, woanders zu arbeiten."

Das sah ich nicht so. Wer würde mich noch nehmen? Als was sollte ich denn arbeiten? Was konnte ich denn? Sollte ich wieder als Verkäuferin oder als Hotelfachfrau arbeiten? Das waren meine ersten erlernten Berufe – verdammt lange her. Ich war keine dreißig mehr! Das war körperlich viel zu anstrengend! Das erfüllte mich nicht.

Nach weiteren leidvollen Wochen fühlte ich plötzlich ein neues Gefühl in mir. Der Satz kehrte sich in mir um:

„Ich, Heike Karin Buzin, verzeihe mir, dass ich so lange als Lehrerin gearbeitet habe, obwohl es oft über meine Kräfte ging."

Diesen Satz schrieb ich erneut sieben Tage lang hintereinander auf, je siebzig Mal.

Die sieben Tage/siebzig Sätze-„Verzeihens-Diät" lernte ich bei Hilde Light in Johannesburg.

Welche Entscheidungen oder Ereignisse der Vergangenheit möchtest Du Dir verzeihen?

14.4 Vergeben

An den folgenden Tagen stellte ich mir die Frage. Was kann ich noch verzeihen? Mit wem kann ich mich noch versöhnen? Über Nacht kamen mir Situationen und Menschen in den Sinn, bei denen es sehr wohl etwas zu vergeben gab.

Ich imaginierte ein Treffen mit jeder einzelnen Person. Wir trafen uns an einem alten großen Baum, sahen uns an, reichten uns die Hände und vergaben uns gegenseitig. Einige Menschen konnte ich imaginär in den Arm nehmen. So machte ich in den nächsten Wochen meinen inneren Frieden mit ehemaligen Freunden, Kollegen, Ex-Partnern und mit meiner Mutter. Immer wieder lauschte ich in mich hinein und fragte mich: Gibt es noch etwas, was ich vergeben kann? Diese Prozedur ging ein paar Wochen, bis endlich Ruhe war. Ruhe in meinem Geist, Ruhe im Körper. Alles war befriedet. Ich lächelte wieder.

Ich habe mir selbst vergeben, dass ich so lange meine innere Stimme ignoriert habe. Ich habe mir vergeben, dass ich so lange unachtsam und lieblos mit mir umgegangen bin.

Ich mag die Gedanken von Friedemann Schulz von Thun. Es gibt eine Chance auf Heilung und Überwindung alter Muster, darauf, seines Lebens wieder froh werden zu können. Danach hängt eine gute Verarbeitung von dem ab, was geschehen ist, und von dem, dem es widerfahren ist. Zuweilen, doch nicht in jedem Fall, ist Vergebung der Schlüssel zur Heilung, wenn auch vielleicht nicht sofort und unmittelbar, sondern wenn die belastenden Ereignisse verarbeitet und integriert wurden. Trost und Geborgenheit spendende Zuwendung eines anderen Menschen ist die richtige erste Hilfe, Selbstmitgefühl eine gute Begleitung.

Dann kann das Erlittene vielleicht positiv verarbeitet und in Weisheit und Güte oder in eine kreative Leistung transformiert werden.

(Lit. 64)

Hartnäckig hält sich die Vorstellung über Künstler und speziell Schriftsteller: Nur wer etwas erlitten hat, habe etwas zu sagen. Das ist eine sehr romantische Vorstellung, die mit der Wirklichkeit eines Schriftsteller-Daseins nichts zu tun hat – auch wenn die Auseinandersetzung mit einem Trauma feinfühliger und empathischer macht, und die Kunst in diesem Prozess Kraft spenden kann. Doch unter den harten Bedingungen des Literaturbetriebes entsteht Kunst nicht, weil jemand etwas erlitten hat – sondern obwohl.

Aus der Wunde ein Wunder machen: Das ist die Chance auf ein posttraumatisches Wachstum, auf eine persönliche Entwicklung, die es ermöglicht, dem Leben mit mehr Reife und Tiefe zu begegnen, mit einem gelassenen Blick dafür, was wirklich wesentlich ist und zählt.

Das Geheimnis eines erfüllten Lebens setzt sich aus Wunscherfüllung, Sinnerfüllung, biografischer Erfüllung, Daseinserfüllung und Selbsterfüllung zusammen.

14.5 Im Einklang mit der Persönlichkeit leben

Was macht Dich als Person aus? Die Persönlichkeit eines Menschen beschreibt die Gesamtheit seiner Eigenschaften, die ihn von anderen Menschen gleichen Alters unterscheiden. Es ist die Gesamtheit aller Deiner Denk- und Verhaltensweisen. Es sind all Deine Wahrnehmungs- und Gefühlsmuster. Dazu zählen Deine Anlagen, Fertigkeiten, Haltungen, Fantasien, Vorlieben, Abneigungen, Werte und Deine emotionalen Reaktionen. Alle Kraft kommt von innen. Was Du im Innern bist und was Du der Welt zeigst, kannst Du jederzeit ändern.

Gedanken + Gefühle + Handlungen = Mein Selbst

Interessant bei zweisprachigen Menschen ist: Wir wechseln je nach Sprache die Persönlichkeit. Das heißt, wir werden jeweils anders wahrgenommen.

Exkurs:

Herkunft: Das Substantiv 'Person' gehört seit dem 12. Jahrhundert zum Standardwortschatz; mittelhochdeutsch person, persone ist aus dem lateinischen entlehnt, persona – Maske, Rolle, auch Charakter (... eines Schauspielers)
(Lit. 65)

Das Konzept der Persönlichkeit stellt also die Frage:
Wie bist Du?
Das Konzept der Identität stellt die Frage:
Wer bist Du?

Fünfzehnter Schritt: Spirituelles Wachstum

15. Nutze die Gesetze des Kosmos' für Dich!

Es ist nicht der Berg vor Dir, der Dich fertig macht. Es ist der Stein im Schuh.
Muhammad Ali

Die kosmischen oder universellen Gesetze beschreiben eine Ordnung. Es gibt physikalische Gesetze, wie z. B. die Erdanziehungskraft, das Trägheitsgesetz, den Rotationseffekt und den Auftrieb. Das Wort „Physik" ist vom griechischen Wort „physis" abgeleitet und bedeutet Natur. Es gibt außerdem Gesetze, die mental und emotional wirken.

Die kosmischen Gesetze existieren und wirken immer und überall. Wenn wir den wissenschaftlichen Erkenntnissen insbesondere von Albert Einstein folgen, wissen wir: „Was wir als materielle Welt wahrnehmen, ist Energie in einer unterschiedlichen Dichte." Albert Einstein wird auch das folgende Zitat zugeschrieben: „Gleiche Dich der Frequenz der Realität an, die Du sein möchtest und Du kreierst diese Realität."

Wir sind Teil des Universums, deshalb wirken diese Gesetze auch bei uns. Es gibt eine Fülle an universellen Gesetzen in vielfältiger Formulierung. Wie gelingt es uns, mit den universellen Gesetzen im Einklang zu sein? (Lit. 66)

Folgende kosmische Gesetze gibt es:

15.1 Gesetz der Geistigkeit

Dieses Prinzip bezieht sich auf den einen schöpferischen Geist, der auch Liebe, Gott, Universum, Intelligenz oder reine Kreativität genannt werden kann, und dem alles unterliegt. Ohne den Geist würde nichts existieren. Diese Macht ist auch in jedem von uns, so auch in Dir. Es ist Deine Gedankenkraft, Dein Geist, der das Universum bestimmt, das Du wahrnimmst. Du bist dem Leben nicht machtlos ausgeliefert.

Gedanken sind feinstoffliche Energie. Wenn Du bestimmte Gedanken denkst und Dich auf eine bestimmte Realität fokussierst, dann manifestiert sich genau diese Realität für dich. Aus Energie wird Materie. Das, wovon Du überzeugt bist, wird ganz automatisch in Dein Leben treten. Du formst mit Deinem Geist Deine Welt und nicht andersherum. Du kannst damit beginnen, Deine Schöpferkraft in jeden einzelnen Bereich Deines Lebens fließen zu lassen, in Deine Arbeit, Deine Beziehungen, Deine Geldangelegenheiten. Lösche einschränkende Gedanken wie „Das geht nicht" komplett aus Deinem System! Beginne, das, was Du in Deinem Leben möchtest, zu manifestieren.

15.2 Gesetz der Entsprechung

Das Innen spiegelt immer das Außen wieder und das Außen das Innen. Das, was wir als Überzeugungen in uns tragen, wird sich im Außen widerspiegeln. Wir ziehen immer das in unser Leben, das dem entspricht, was wir erwarten. Ebenso werden wir das empfangen, was dem entspricht, das wir gegeben haben. Wenn Du Schmerz, Hass und Ängste in die Welt bringst, werden sie zu Dir zurückfließen. Bringst Du dagegen Liebe, Freude und Leichtigkeit in die Welt, werden auch sie zu Dir zurückfließen. Das Leben kann Dir nichts schenken, wenn Du Dich nicht dem Leben schenkst. Wenn Du ein glückliches und erfülltes Leben haben möchtest, dann ändere zuerst Dein Inneres, und die äußere Welt wird sich dementsprechend für Dich verändern.

15.3 Gesetz der Schwingung

Nichts steht still. Alles in diesem Universum ist in ständiger Bewegung. Als Menschen spüren wir diese Schwingung an der Qualität unserer Gefühle. Jeder Gedanke und jedes Gefühl hat eine bestimmte Schwingung. Angst, Scham, Wut, Neid oder Traurigkeit haben eine niedrige Schwingung. Wohingegen Freude, Dankbarkeit und Liebe eine hohe Schwingung haben. Wir können unsere Schwingung bewusst selbst bestimmen, indem wir unsere Gedanken und somit unsere Gefühle verändern. Dabei wirken sich unsere Gefühle und Emotionen viel stärker auf die Schwingung aus, als nur unsere Gedanken.

Über das magnetische Feld, das Du stets und ständig um Dich herum erzeugst, ziehst Du genau das in Dein Leben, was in Resonanz zu dem steht, wovon Du im Herzen überzeugt bist. Wenn Du also glaubst, die Welt ist schlecht und besteht nur aus Dummköpfen, dann wird Dir das Leben genau diese Erfahrung immer und immer wieder zeigen, so dass Du Dich bestätigt fühlst. Schwingung wertet nicht, sondern sagt ja zu allem, was auf der gleichen Frequenz schwingt. Sei klug und sei Du selbst die Energie, die Du in Dein Leben ziehen möchtest. Hebe Deine Schwingung ganz bewusst an, indem Du Dinge denkst und tust, bei denen Du Dich wohl fühlst: z. B. positive *Affirmationen hören. Entwickle ein liebevolles *mindset, gehe tanzen, treibe Sport, bewege Dich, mache einen Spaziergang, küsse, koche usw.

Wenn es Dir noch schwerfällt die Affirmation: „Ich lebe in Fülle, auf allen Ebenen meines Lebens" zu denken und zu fühlen, dann übe Dich zunächst morgens und abends ganz bewusst in Dankbarkeit. Lass vor Deinem inneren Auge Bilder entstehen, die Deine Dankbarkeit ausdrücken für all die Dinge, die Du bereits in Deinem Leben hast: z. B. Ich bin dankbar für fließendes Wasser aus dem Wasserhahn, für meine Heizung, für meinen gefüllten Kühlschrank, für meine lieben Nachbarn, für mein Haustier, für meine Kinder, für meine zwei gesunden Arme und Beine, für meinen Partner/Lebensgefährten/Freund, für eine Begegnung mit Menschen, die Freude in mein Leben gebracht haben, für ein leckeres Abendessen im Restaurant, für das Probetraining im Fitnessstudio …

So kannst Du die Fülle in Dein Leben ziehen. Durch Visualisierung der Affirmationen wird sie direkt mit Deinem Herzen verbunden und kann ihre ganze Kraft entfalten.

Gleiches zieht Gleiches an und wir empfangen immer das, was auf derselben Frequenz schwingt wie wir selbst. Schwinge Dich gleich am Morgen auf Deine Tagesfrequenz der Fülle und Freude ein und mache Dich bereit für einen Tag voller Wunder, mehr Fülle und kosmische „Zufälle", die plötzlich in Deinem Leben auftauchen werden.

15.4 Gesetz der Polarität

Wir leben in der Polarität. Alles hat zwei Seiten. Alles hat zwei Pole. Zu allem gibt es das Gegenteil. Es gibt Tag und Nacht, weiblich und männlich, warm und kalt, klein und groß, hässlich und hübsch, hell und dunkel, gut und schlecht, Liebe und Hass, Freude und Traurigkeit, reich und arm, Kopf und Zahl, gesund und krank, zusammen und allein usw.

Das Gesetz der Polarität zeigt Dir, dass in jeder vermeintlich schlechten Situation etwas Gutes auf Dich wartet. Wenn Du dem Negativen der Situation nicht erlaubst, Deine Schwingung negativ zu beeinflussen, dann kannst Du das Gute wesentlich leichter finden und in Dein Leben integrieren. Die Kraft der Transformation liegt darin zu erkennen, dass wir uns nur auf den gegenüberliegenden Pol konzentrieren müssen, wenn wir etwas in unserem Leben verändern möchten.

Du trägst sowohl Licht- und Schattenanteile in Dir. Wir alle tragen beide Pole in uns, schämen uns aber häufig für unsere Schattenseiten. Doch gerade unsere Schattenseiten machen uns vollständig, weil sie einen wichtigen Aspekt unseres Seins ausdrücken. Sie haben also eine absolute Daseinsberechtigung. Deine Schattenseiten sind ein Pol Deiner Persönlichkeit und werden immer wieder ihren Weg an die Oberfläche finden, solange Du sie nicht liebevoll annimmst und integrierst.

15.5 Gesetz des Rhythmus' (Zyklus)

Das Gesetz des Rhythmus baut auf dem Gesetz der Polarität auf. Es bezieht sich darauf, dass alles im Universum einem bestimmten Rhythmus unterliegt, wie ein Pendel hin und her schwingt und sich um Ausgleich bemüht. Alles fließt. Alles ist in Bewegung. Alles verändert sich, immer und ständig. Es gibt Ebbe und Flut, Sonnenaufgang und Sonnenuntergang, Frühling, Sommer, Herbst und Winter, Leben und Sterben, Loslassen und Annehmen, Einatmen und Ausatmen, Schlafen und Wachsein, Spannung und Entspannung, Arbeiten und Pause. Jeder Mensch hat seinen ganz eigenen Rhythmus und auf diesen Rhythmus kannst Du vertrauen. Lausche nach innen und gönne Dir Momente der Erholung, statt pausenlos zu arbeiten. Besinne Dich, dass in jedem Ende auch ein Neuanfang wohnt. Kein Moment ist für die Ewigkeit, egal wie schlimm er uns auch erscheinen mag, er wird vorübergehen. Das Gesetz lehrt uns, dass alles seine Zeit hat. Stell Dir vor, Du hast das „Problem" bereits gelöst. Wie fühlt sich das an? So änderst Du Deine Frequenz, indem Du in Dir etwas veränderst. Warte nicht auf etwas im Außen.

15.6 Gesetz von Ursache und Wirkung

Alles hat einen Effekt. Jede Ursache hat ihre Wirkung und jede Wirkung hat ihre Ursache. Nichts geschieht zufällig, auch wenn es vielleicht im ersten Moment so scheint. Das gilt auch für unsere Gedanken, Worte und Taten. Jeder Gedanke setzt eine Kausalkette im Universum in Gang, die sich in einer bestimmten Wirkung oder in einem bestimmten Effekt auswirkt. Meditation und Achtsamkeit helfen uns dabei, dass wir uns über unsere Gedankenströme bewusst werden. Das wäre der erste Schritt. Die meisten Menschen sind sich nicht bewusst, was sie den lieben langen Tag denken. Viele Menschen denken häufig negativ, klagend und fühlen sich dem Leben gegenüber machtlos und ausgeliefert. Dabei ist in Wirklichkeit genau das Gegenteil der Fall.

Zum Bewusstwerden der eigenen Gedanken am Tag empfehle ich die Übung von Vera F. Birkenbihl:

Stelle Dir einen Timer und lasse ihn alle drei Minuten klingeln. Bei jedem Klingeln schreibst Du den einen Gedanken auf, den Du gerade hattest. Nimm kleine Zettel. Mache das etwa zwei Monate lang. Wichtig dabei: schaue Dir die bereits geschriebenen kleinen Zettel nicht an, sondern sammle sie nur. Nach zwei Monaten holst Du alle Zettel heraus. Was waren Deine häufigsten Gedanken? Forsche liebevoll: Wann bzw. in welchen Situationen hast Du dies oder das gedacht?

Beginne im zweiten Schritt, Deine Aufmerksamkeit und Gedanken auf das auszurichten, was Du als Wirkung in Deinem Leben haben möchtest. Atme ganz bewusst, beobachte Deinen Atem und komme ins Hier und Jetzt. Das Hier und Jetzt ist der Boden, auf dem Du Deine Gedanken säst und worauf alles Weitere wachsen wird. Frage Dich: Was kann ich jetzt tun?

Betrachte Deine Aufmerksamkeit als Deinen größten Schatz. Die Werbe-Industrie, die Nachrichten, das Fernsehen, alle Social-Media-Plattformen wollen Deine Aufmerksamkeit. Wenn Du diese Manipulation einmal durchschaut hast, dann wirst Du ihnen Deine Aufmerksamkeit nicht mehr schenken, sondern sie

dafür verwenden, Dein Leben nach Deinen Wünschen zu erschaffen.

Setze Dir ganz bewusst eine Intention für Deinen Tag. Formuliere Deine Intention mit Deinen Worten. Damit fokussierst Du
Dich auf eine bestimmte Erfahrung, die Du gerne erschaffen
möchtest, und damit ganz bewusst auf der Ebene der Ursachen
den Samen dafür zu säen. Das könnte z. B. so aussehen:

Ich erschaffe mir ein Leben in Freude und Fülle.

Ich bin präsent und bin bewusst in diesem Augenblick.

Ich bin eine wunderbare und liebevolle Freundin.

Ich bringe heute Gutes in die Welt.

Ich sehe in Allem das Gute.

(Lit. 67)

15.7 Das Gesetz des Geschlechts

Alles trägt männliche und weibliche Energie in sich. Nutze
diese beiden Energien in Dir. Im Gehirn können wir diese beiden Prinzipien: weibliches Prinzip (Intuition, Kreativität, Emotionen) in der rechten Gehirnhälfte und männliches Prinzip
(Logik, Rationalität) in der linken Gehirnhälfte wiederfinden
und erkennen, dass der Gedanke (das männliche Prinzip) mit
dem Gefühl (das weibliche Prinzip) übereinstimmen muss, bevor
ein schöpferischer Prozess entstehen kann.

Das männliche Prinzip richtet seine Energie auf das weibliche
Prinzip aus (das gebende Element). Das weibliche Prinzip (das
empfangende Element) nimmt diese Energie auf und vollbringt
die schöpferische Arbeit. Beide Energien sind gleichrangig oder
gleich-gültig. Erst durch ihre Vereinigung entsteht eine neue
Schöpfung. Spüre in den nächsten Tagen einmal bewusst, ob Du
eher dem männlichen oder dem weiblichen Anteil in Dir Raum
gibst. Beginne, auch die andere Seite in Dir zu stärken. Dann
wirst Du spüren, wieviel leichter Dein Leben wird.

Die aktive Anwendung der sieben universellen Gesetze kann Dein Leben positiv unterstützen. Je mehr Du ins Vertrauen gehst, und es Dir zur Aufgabe machst, in der Freude zu sein, desto mehr wirst Du feststellen, dass das Leben ein Spiel ist, das Du genießen darfst. Lass Dein Licht scheinen, für Dich und für andere Menschen. Stecke andere mit Deinem Licht an. Denk daran, Du bist vollständig, schon immer gewesen. Du hast es nur vergessen.

(Lit. 68)

Sechzehnter Schritt: Finde Dein Lebensmotto!

16. Viele kleine Schritte

Ich gratuliere Dir, Du hast es geschafft. Du hast durchgehalten. Schau Dich an. Wie geht es Dir? Fühlst Du Dich etwas besser?

Ich wünsche Dir, dass Du viele gute Gründe findest, um Dein Leben ab jetzt in Freude zu gestalten.

Mein Lebensmotto habe ich gefunden: Jeden Tag ein bisschen!
Ein bisschen …
Trampolin springen
Spanisch lernen
Englisch üben
Gitarre spielen
singen
Piano üben
ein Stückchen weiterlesen – im aktuellen Buch
meditieren
entspannen
eine DVD anschauen
QiGong üben
bewegen und dehnen
spazieren gehen

immer weiterbilden (Seminare / Webinare besuchen)
mit dem Rad fahren
für alles danken, was ich bereits habe
an meinen Projekten arbeiten
neue Ideen kommen lassen
immer weiterbilden (Webinare besuchen)
schreiben
lachen
mir jeden Tag etwas Schönes gönnen
u. v. a. m.

Falls jetzt bei Dir der Eindruck entstanden ist, ich mache das alles an einem Tag: Irrtum. Ich variiere – jeden Tag ein bisschen. Nimm Dir nicht zu viel auf einmal vor, sonst ist Frust programmiert. Jeder Weg beginnt mit einem Schritt. Und dann folgt der nächste. Viel Glück auf Deinem Weg!
(Lit. 75)

Mein eigener Weg aus der Dunkelheit

Nach dem Abitur wollte ich unbedingt etwas mit Menschen machen. Ständig war ich gehörlosen Menschen begegnet, in der S-Bahn, in der U-Bahn, als Passanten auf der Straße. Sie hatten mich beeindruckt. Ich wählte das Studium „Amt des Lehrers an Sonderschulen/für Sonderpädagogik". Als Sonderpädagogische Fachrichtungen entschied ich mich für Gehörlosenpädagogik und Sprachbehindertenpädagogik. Eine super Kombination, das war mir zu diesem Zeitpunkt noch nicht klar. Ich begann mit dem Unterrichtsfach Englisch, und nach einem Semester wechselte ich zu Arbeitslehre/Haushalt. Etwas Praktisches passte viel besser zu mir.

Im Studium begann ich, mit dem Schulsystem zu hadern. Ich war hin- und hergerissen von den Anforderungen. Was war los? Es war doch mein Traum, Lehrerin zu sein! Nach vier Semestern Grundstudium informierte ich mich bei der Studienberatung der Humboldt-Universität über Alternativen. Ich entschied mich, das Studium wenigstens abzuschließen. Die Chancen mit einem zweiten Staatsexamen sind besser, um sich beruflich neu zu orientieren.

Das Wort „hadern" ist mild ausgedrückt. Es war dramatischer. Ich hatte die Schnauze voll. Das war mir zu dem Zeitpunkt nur noch nicht bewusst. Mit dem staatlichen Schulsystem wollte ich nichts zu tun haben. Ständiges Bewerten, Beurteilen, Notengebung, häppchenweises Vermitteln und Stoffverteilungspläne schreiben: Nein danke! Es herrschten alte hierarchische Strukturen, all das gefiel mir nicht.

Ich brauchte dringend eine Pause nach dem ersten Examen. Um nicht ganz aus dem Schulbetrieb zu fallen, wurde ich über den Verein Berliner Kaufleute und Industrieller (VBKI) Vorleserin an der Vineta-Grundschule und der Rixdorfer-Schule. Ich habe drei Monate in einer Logopädischen-Praxis in Neukölln gearbeitet und absolvierte ein viermonatiges Praktikum im Thomas-Haus-Berlin für Heilpädagogik und Sprachtherapie. Ich wollte mehr Praxis.

Nach einer einjährigen Vollzeit-Fortbildung in Kreativitätspädagogik (2006/07) war ich wieder aufgetankt und motiviert, sodass ich das Referendariat antreten konnte. Ich kam an die Phönix-Grundschule in Hellersdorf. Dort war ich die allererste Referendarin überhaupt. Auf Anraten meines Hauptseminarleiters wechselte ich die Ausbildungsschule. So kam ich an eine Sprachheil- und Körperbehinderten-Förderschule in Berlin-Neukölln: an die Schilling Schule. Sie hatte glücklicherweise Erfahrungen mit Referendaren.

Das zweite Examen schaffte ich irgendwie. Nach zwei Jahren Dauerbelastung war ich fertig, seelisch und körperlich. Zum Glück kam mein Geruchs- und Geschmackssinn nach der Prüfungszeit wieder zurück. Wie sollte es nun weitergehen für mich?

Die BIP-Kreativitäts-Schule war mein Sprungbrett in diesem Job. Die BIP-Schulen arbeiten nach dem von dem Pädagogen und Kreativitätsforscher Hans-Georg Mehlhorn entwickelten kreativitätspädagogischen Konzept „Begabung – Intelligenz – Persönlichkeit (BIP)". Ich lernte meine Lektionen schnell. Das theoretische Konzept ließ sich schwer umsetzen. Warum muss ein Kind „Darstellendes Spiel" oder „Schach" lernen, wenn es das nicht lernen möchte? Lernen ist mit Freude verbunden. Sonst wird das nichts.

Ich wechselte die Krea-Schule nach einem Schuljahr. Laut Konzept war ich verpflichtet, bei der Note „drei" einen Förderplan zu schreiben. Dann hätte ja fast jedes Kind einen Förderplan bekommen müssen. Ich weiß noch, wie ich dem Vorsitzenden des Trägervereins sagte: „Förderpläne schreiben, das kann ich auch woanders."

Ich wechselte häufig immer auf der Suche nach der „perfekten" Schule. Diese Schule habe ich nicht gefunden, dafür habe ich bestimmt einige Spuren hinterlassen.

Der Schulwechsel war nie geplant oder beabsichtigt. Er hat sich einfach so ergeben. Mir fiel es stets leicht, zu gehen und woanders neu zu beginnen. Die Schulrätin kannte mich inzwischen und akzeptierte meine Gründe.

In dieser Zeit fand meine zehnjährige Partnerschaft ihr Ende. Der Stress in der Schule nahm zu. Ein Fahrradunfall morgens auf dem Weg von der Wohnung zur S-Bahn-Zehlendorf bescherte mir eine dreimonatige Auszeit. Mein rechter Ellenbogen war gebrochen und ich lernte, meine linke Hand zu benutzen. Plötzlich hatte ich sehr viel Zeit für mich und dachte sehr viel nach. Mir ging es nicht gut. Zum Jahreswechsel hatte ich eigentlich nach Mexiko fliegen wollen. Die Reise fiel ins Wasser. Meine Hausärztin beantragte eine Reha und diese wurde sofort bewilligt. Fünf erholsame Wochen durfte ich in Waren an der Müritz verbringen. Danach war mir alles klar. Ich wollte meinen Kindheitstraum endlich in die Tat umsetzen.

Einmal Südafrika und zurück

Worauf ich noch sollte warten? Einmal wollte ich im Ausland leben. Afrika zog mich magisch an. Ich träumte von Elefanten in freier Wildbahn und davon, barfuß auf roter Erde zu laufen.

Ich hatte genug von Gewalt auf dem Schulhof, von Streitschlichtungen, von Vertretungen und vom Tratsch im Lehrerzimmer. Ich wollte raus. Raus aus der Schule, raus aus meinem Heimatland. Einfach weg. Ich hatte in den letzten Jahren intensiv mit Migranten gearbeitet und versetzte mich in ihre Lage. Ich fragte mich: Wie würde es sich anfühlen, das eigene Land zu verlassen und woanders neu anzufangen? Wie würde das sein, meine Wohnung, mein Leben in Afrika zu haben? Würde ich neue Freunde finden? Würde ich dort klarkommen? Was mache ich, wenn ich Heimweh bekomme? Würden mich Freunde oder die Familie in Afrika besuchen?

Ich bewarb mich in Kapstadt, Durban, Pretoria und Johannesburg. Im Mai 2017 kam die Zusage von der Deutschen Schule

Johannesburg (DSJ). Der Senat für Bildung, Jugend und Familie (kurz: Senbjf) genehmigte mir vom 1. Januar 2018 bis 31. Dezember 2020 Sonderurlaub für die Tätigkeit als Auslandslehrkraft an der Deutschen Internationalen Schule Johannesburg/ Südafrika. Vor lauter Freude über diese gigantische Chance hüpfte ich auf meinem großen Honig-Karotte-Sofa herum und sang, so laut ich konnte „I am what I am" von Gloria Gaynor. Ich war im Begriff, meine „Komfortzone" zu verlassen.

Alles lief ab wie im Film. Ich recherchierte über Johannesburg. Meine Ergebnisse: Johannesburg zählt zu den Städten mit der höchsten Kriminalitätsrate weltweit. Die Stadt liegt von Berlin über 10.000 Kilometer entfernt. Sie wurde als Goldgräber-Siedlung und Zeltstadt 1886 gegründet und - nicht am Wasser gebaut, wie sonst üblich. Johannesburg ist die größte Stadt Südafrikas, Hauptstadt der Provinz Gauteng (sprich: G wie „ch" in Dach, also Chauteng). Johannesburg beherbergt den größten internationalen Flughafen des Landes. Johannesburg hat ein gutes Klima, nicht zu heiß. Johannesburg liegt 1.800 Meter über dem Meeresspiegel. Das Trinken aus der Leitung ist unbedenklich, da Leitungswasser häufig untersucht wird. In der Nähe (nur vier Autostunden!) liegt der Pilanesberg-Nationalpark-Safari.

Ich wurde immer aufgeregter. Jetzt kam Angst hoch. Da will ich hin? Ja! Ich hatte keine Ahnung, was mich erwartete, und ich wusste, es wird gut werden – weil ich es so wollte. Ich beruhigte meine Eltern, einige Freunde und sagte ihnen: „Wenn es ganz schlimm kommt, dann bin ich in einem halben Jahr wieder zurück."

Ich löste meine gemütliche Zweizimmer-Wohnung in Zehlendorf auf. Ich weiß noch, wie ich in der ausgeräumten Wohnung stand und mir plötzlich die Tränen kamen. Ich war in absoluter Vorfreude und ich hatte riesiges Lampenfieber. So laut ich konnte, sang ich das Lied: „Du musst wahnsinnig sein" von Reinhard Mey.

Mein restliches Hab und Gut, zwölf Umzugskartons, durfte ich für drei Jahre bei Dieter Wankmüller im Öko-Zentrum

Sensthof in Reetz unterstellen. Mit zwei prall gepackten Koffern zog ich Mitte Dezember 2017 nach Südafrika. Erst einmal ankommen!

Zuerst wohnte ich im Cottage einer Kollegin. Mit ihrer Familie und ihren Freunden verbrachte ich Weihnachten bei 28 Grad. Mein erstes Wort in Afrikaans war Braai (grillen) und VleisBraai (Fleich grillen) mit einem gerollten „r" und Dankie (Danke). Dann folgten die Wörter Tekkies (Turnschuhe), Bakki (Geländewagen) und Bilton (Trockenfleisch). Bilton ist ein beliebter Snack in der Lunchbox der Kids.

Die Schule begann im Januar 2018. Ich übernahm eine 1. Klasse – eine bunte Mischung von zwanzig Kindern. Zur Unterstützung hatte ich Simone Winterstein aus Österreich, eine wunderbare Assistentin. Wir beide waren ab dem neuen Schuljahr 2018 die neuen Kollegen aus Europa. Ich freundete mich auf der Stelle mit Michelle Tasker von der Rezeption der DSJ an (in Englisch: Front-Office). Vier große Pakete mit Arbeitsmaterialien hingen im Zoll fest und kamen drei Monate später an. Das verdankte ich Michelles hartnäckigem Nachfragen und Telefonieren. Ich hatte die Pakete schon abgeschrieben.

Zwei wundervolle und lehrreiche Jahre durfte ich an der DSJ verbringen. Ich hatte die wundervollsten Schüler der ganzen Welt. Alle meine Wünsche konnte ich verwirklichen und war sehr zufrieden. Zuerst lebte ich in Parkview/Greenside East, in Christine Fischers altem, ehrwürdigem Haus, mit ihren fast erwachsenen Töchtern Pia und Jana. Gefunden hatte ich Christine über Servas. Christine ist, wie ich, auch Mitglied bei der weltweiten Friedensorganisation SERVAS. Ihr Ziel: Menschen besuchen sich gegenseitig und können zwei Nächte beim Gastgeber bleiben, um mehr über Land und Leute zu erfahren.

Nach einem Jahr in einer Familie wagte ich den nächsten Schritt und mietete ein kleines Haus in Melville. Ich freundete mich mit der Nachbarsfamilie Nora und Neo an und konnte Besuch aus Deutschland empfangen. Meist saß ich nach Feierabend auf der Terrasse und bearbeitete mein kleines Blumenbeet. Oder ich saß abends vor der kleinen Feuerschale im Vorgarten. Ich fühlte mich königlich. Die Zeit verging wie im Flug.

Ich sah slums, townships (informelle Siedlungen, das heißt, sie sind illegal, aber geduldet), erlebte Load-Sheddings (Abschalten des Stroms), Wasserausfall über Stunden in Schule und zu Hause, erlebte Safaris. Den Schulgarten der DSJ holte ich aus dem Dornröschenschlaf und aktivierte ihn mit Beeten, Kräutern und einem Komposter. Ich zog aus den Kernen Avocado-Pflanzen und mit den Klasseneltern gemeinsam pflanzten wir ein Avocado- und ein Zitronenbäumchen auf das Gelände der Schule. Ich hatte sehr wohlwollende und unterstützende Elternsprecher. Danke Frau Kock und Katja Menold. Ich lernte weitere, wundervolle Menschen kennen, machte Atemtherapie mit Hilde Light (Mama von Front-Office Michelle). Das Einzige, das ich wirklich vermisst habe, waren die vier Jahreszeiten.

Zwei Jahre an der DSJ reichten mir als Erfahrung aus. Die Schule ist leistungsorientiert und die Kleinen mussten von Beginn an viel arbeiten. Alles Lernen sollte im Gleichschritt erfolgen. Für mich als Sonderpädagogin war das sehr fragwürdig. Ich ließ den Kindern Zeit, hing „stofflich" mit der Klasse zurück, Eltern kamen auf mich zu, machten sich Sorgen. Dafür ging ich mit der Klasse im Sachunterricht mehrmals in die Lehrküche. Wir machten lustige Brotgesichter mit geschnitzten Gemüsestücken, haben Pizza und Brötchen gebacken und Eierkuchen hergestellt. Am nächsten Tag schrieben wir die Sätze dazu auf. Mit meiner Teamkollegin Julia organisierten wir einen Tagesausflug zu einer Rinderfarm, die zwei Autostunden entfernt lag. Ich lernte eine echte Farmerfamilie kennen. Die Kids streichelten Kühe, probierten Käse, Milch und tobten auf großen Strohballen herum. Herrlich.

Ich bekam Besuch aus Deutschland. Meine Kollegin und Freundin Katrin kam. Zusammen machten wir Urlaub in Südafrika mit einem Mietauto. Ich gruselte mich auf der Krokodilfarm und wir sahen die Drakensberge. Ich flippte fast aus, als ich Störche auf den saftigen grünen Wiesen der Drakensberge entdeckte. „Hier fliegt ihr also immer hin, wenn es bei uns zu kalt wird, oder besser gesagt, ihr kein Futter mehr findet." Das habe ich mich schon als Kind gefragt. Afrika, ja, das war klar, aber wo genau flogen sie hin? Jetzt wusste ich es!

Ich lief mit der Klasse zirka zehn Minuten zur German-Seniors-Residence. Selbstverständlich musste ich in Begleitung von zwei Security Männern laufen, denn Laufen ist hier nicht üblich – zu gefährlich. In der Residence angekommen, sangen wir den älteren Damen und Herren unsere Lieder vor. Das war Freude auf beiden Seiten. All das war mein Sprachunterricht! Und dieses Vergnügen ließ ich mir nicht nehmen. Einige Kinder in der Klasse hatten große Schwierigkeiten, da Deutsch nicht ihre Muttersprache war. Den Eltern war es vor allem wichtig, dass ihr Kind einen internationalen Abschluss bekommt. So konnten sie an allen Universitäten der Welt studieren. In Südafrika gibt es keine duale Berufsausbildung wie bei uns.

Zwei Jahre gab ich mein Bestes. Zum Abschluss hielt ich eine kleine Rede in der Aula, bedankte mich für die Erfahrungen und verabschiedete mich herzlich von den Kindern, Eltern und Kollegen. Die Eltern schätzten meine Arbeit und bedauerten mein Ausscheiden und ich versprach wiederzukommen. Irgendwann, so versprach ich, würde ich mir die Avocado und das Zitronenbäumchen anschauen.

Doch zunächst begann ein neues Reise-Abenteuer. Ich flog zu den Victoria-Fällen nach Simbabwe. In zwanzig Tagen reisten wir durch drei Nachbarländer (Simbabwe, Botsuana, Namibia). Wir, das waren ein Pärchen aus England, eine Gruppe angehender Physiotherapeuten aus Australien, ein Tierarzt mit drei fast erwachsenen Kindern aus Argentinien, eine Lady aus Brasilien, eine Lady aus Tschechien, ein Männer-Pärchen aus Portugal, ein junges Paar aus Hamburg und ich. „On the road" waren wir in einem großen Bus unterwegs, einem Spezialbau von Nomad Africa, tours & safaris.

Wir, The Lucky 20, lernten uns kennen und schätzen. Unsere „Mama-G" kaufte ein und bereitete das Essen zu. Forester, unser

Fahrer, brachte uns sicher über die Pisten. Abwechselnd durften wir sogar Beifahrer sein. Wir erlebten gemeinsam Simbabwe, Botsuana, Namibia und Südafrika. Unser Camping-Zelt mussten wir jeden Abend neu aufbauen. Jeder hatte sein eigenes Zelt. Das Ziel der Reise war Kapstadt. Bleibende Eindrücke von unserer wunderschönen Erde nehme ich mit nach Hause. Wir wussten zu diesem Zeitpunkt nicht, dass wir vorläufig die letzten Reisegäste sein sollten.

Meinen 55. Geburtstag feierte ich am 16. Februar 2020 ganz allein in Kapstadt, mit einem Glas Südafrikanischen-Rotwein. Ich war glücklich und freute mich auf mein Zuhause.

Im März 2020 wollte ich nach Deutschland zurückfliegen. Überraschenderweise kam die Pandemie dazwischen. Mein Flug wurde erst verschoben, letztendlich gecancelt. Es begann eine unruhige Zeit, in der ich zum ersten Mal Existenzängste hatte. Fragen plagten mich: Was passiert hier gerade? Wie lange würde mein Geld reichen? Um Miete zu sparen, zog ich in die Wohnung einer Kollegin. Sie zog zu ihrem Freund ins Haus. Ich fragte mich: Komme ich jemals wieder nach Hause zurück? Was mache ich, wenn ich wieder zu Hause bin?

Die Lockdown-Zeit nutzte ich und begann Spanisch zu lernen, Pläne für meinen Bauernhof zu schmieden, las viel, meditierte, kochte, probierte neue Kuchenrezepte, tanzte Ballroom mit David, traf mich mit meiner ehemaligen Nachbarin Nora und ihren Kindern aus Melville zum Spielen und Spazieren. Im August 2020 konnte ich mit einem Rückholflug (in Englisch: Repatriation-Flight) der Bundesrepublik nach Hause fliegen.

Nach zwei Jahren und acht Monaten Südafrika war ich zurück in der Heimat. Während des Lockdowns in Johannesburg kam ich auf die Idee, nach Lateinamerika zu gehen. Ich bewarb mich an deutschen Schulen in Chile, Argentinien, Costa Rica und Kolumbien. Prompt bekam ich für 2021 die Zusage von der Goethe-Schule in Buenos Aires, Argentinien. Ich war in Vorfreude, hatte einen Plan und wohnte vorübergehend in der Potsdamer „Hacienda" meiner Schwester Astrid. Ein schickes Gartenhäuschen – klein und fein. An der Goethe-Schule startete ich am 1. Februar 2021 mit Fernunterricht-Deutsch für eine erste Klasse und eine vierte Klasse - mit minus vier Stunden Zeitunterschied (Argentinien 8 Uhr – Deutschland 12 Uhr).

Alle Papiere für die argentinische Botschaft waren vorbereitet. Es fehlte lediglich mein Führungszeugnis aus Südafrika (in Englisch: Clearance Certificate). Die argentinischen Kollegen, Eltern und Kinder fragten mich ständig: Wo bleibst Du, Karin? Warum kommst Du nicht her? Können wir etwas für Dich tun? Das konnten sie nicht.

Das Führungszeugnis aus Johannesburg kam bis heute nicht. Auf mein Nachfragen beim South African Police Service hieß es: „Sorry, wir haben so viel zu tun, wegen COVID. Sie wissen schon. Hier ist Ihre Registrierungsnummer." Das war's. Nach drei Monaten im Fernunterricht verabschiedete ich mich von der Goethe-Schule in Buenos Aires. Dieser Auslandsaufenthalt sollte wohl nicht sein.

Jetzt begann die erneute Suche nach einer passenden Schule für mich. Ich bewarb mich an allen Freien Schulen in Potsdam. Zeitlich ungünstig im April, das wusste ich, denn die Planung für das neue Schuljahr war längst durch. Ich erweiterte meinen Kreis und bewarb mich als Sonderpädagogin im Norden Deutschlands. Gesellschaftlich waren wir immer noch in der Maskenzeit. Frische Seeluft im Norden war sicher tausendmal besser, als mit Maske in Bus und Bahn in Potsdam zu sitzen. Ich war lange im Süden unterwegs, jetzt durfte es der Norden sein.

So kam ich an eine kleine Dorfschule in Siebeneichen in Schleswig-Holstein, geführt von der Schulstiftung der Evangelisch-Lutherischen Kirche in Norddeutschland. Mein Wohnort hieß Büchen, eine kleine Gemeinde. Mit dem Fahrrad fuhr ich täglich drei Kilometer am Elbe-Lübeck-Kanal entlang. Es war wunderschön. In Siebeneichen verbrachte ich genau ein Schuljahr 2021/22. Die Anfangsschwierigkeiten, die mit jeder Schulneugründung einhergehen, hatte ich gründlich unterschätzt.

Wieder hatte ich über meine Kräfte gearbeitet. Es gab (noch) keine Sekretärin und keinen Hausmeister. Meine einzige Kollegin war gleichzeitig meine Schulleiterin. Die zwanzig Kinder an dieser kleinen Montessori-Schule waren goldig und ich begann die Montessori-Ausbildung in Flensburg.

Exkurs:

Maria Montessori entwickelte eine revolutionäre pädagogische Methode, die nach ihr benannt wurde und bis heute Einfluss auf das Lernen hat. Montessoris Ansichten über das Lernen waren geprägt von ihrem tiefen Verständnis für die natürliche Neugier und den Entdeckungsdrang von Kindern.

Sie glaubte daran, dass Kinder am besten lernen, wenn sie in einer vorbereiteten Umgebung frei erkunden können, anstatt durch starre Unterrichtsmethoden gelenkt zu werden. In Montessoris Ansatz spielt die Selbstbestimmung eine zentrale Rolle: Kinder wählen ihre Aktivitäten selbst aus und arbeiten in ihrem eigenen Tempo. Sie betonte auch die Bedeutung von sensorischem Material, das den Kindern ermöglicht, durch praktische Erfahrungen zu lernen und ihre Sinne zu entwickeln. Montessoris Wirken hat das Verständnis darüber, wie Kinder lernen, nachhaltig verändert und beeinflusst bis heute Bildungseinrichtungen auf der ganzen Welt.

Ich habe Respekt vor dem Wirken der klugen und mutigen Maria Montessori. Doch während der Montessori-Ausbildung sprang der Funke der Begeisterung bei mir nicht über. Vielleicht lag es daran, dass die Materialien für das Lernen sehr hochpreisig sind. Welche Schule kann sich das leisten? Die Montessori-Schulen haben einen, aus meiner Sicht, elitären Charakter angenommen. Ich arbeitete seit Jahren reformpädagogisch, erarbeitete mit den Schülern das Hunderterfeld, benutzte das Multiplikations- und Divisionsbrett. In jeder Hinsicht war ich flexibel. Mit einigen Montessori-Materialien konnte ich selbst nichts anfangen und sollte sie dennoch präsentieren und einsetzen. Das passte mir nicht. Ich fragte mich: Was würde Maria Montessori machen, wenn sie noch leben würde? Welche ihrer Materialien hätte sie weiterentwickelt oder sogar verworfen?

Dann kam erfreulicherweise die Corona-Lockerung und ich musste der Schulleiterin keine Testnachweise mehr präsentieren. Wie schön. Die Maskenpflicht wurde aufgehoben. Plötzlich fühlte ich mich in Büchen/Siebeneichen einsam. Freunde und Familie waren etwa 200 Kilometer entfernt. Es zog mich wieder zurück nach Berlin. Danke für diese besondere Zeit im Norden. Ich war zur richtigen Zeit am richtigen Ort. Die nordische Begrüßung zu allen Tageszeiten „Moin" habe ich mitgebracht.

Während meiner Büchener Zeit bewarb ich mich wieder in Berlin, beim Senat für Bildung, Jugend und Familie. Warum? Vom Senat wollte ich doch weg! Jetzt fand ich mich wieder bei meinem alten Arbeitgeber. Das neue Schuljahr begann. Ich kam an die Montessori-Schule in Zehlendorf und hoffte, es würde mir gefallen.

Das Erstgespräch mit der Schulleiterin war gut. Als „Teamerin" wurde ich in zwei Grundschul-Klassen (1./2./3. Jahrgang) eingesetzt, mit Deutsch in der einen und Mathe in der anderen Klasse. Mit einem Koffer Sommer-Klamotten kam ich nach Potsdam. Die Wohnung in Büchen kündigte ich zum September. Bis ich eine Wohnung in Berlin finden würde, wohnte ich wieder in der „Hacienda" meiner Schwester.

Die Wohnungssuche begann im August 2022 und die Wochen vergingen. An der neuen Schule in Zehlendorf war ich komplett überfordert. Die Namen der Kinder konnte ich mir nicht merken, brachte sie durcheinander. Ich wusste nicht, wo genau ich anfangen sollte. Ich sollte Förderpläne schreiben und kannte die Kinder überhaupt nicht. Was sollte ich schreiben? Ich fühlte mich von Tag zu Tag unwohler. Ich rang mit mir, machte mir Vorwürfe, weil ich wieder zum Senat zurückgegangen war. Was wollte ich denn? Ich wusste es nicht. Ich hatte immer noch keine eigene Wohnung in Berlin. Jetzt suchte ich auch in Potsdam und Umgebung. Ende September bereitete ich dem Umzug aus Büchen vor. Doch wohin mit meinen Möbeln, mit meinen Sachen, mit dem Haushalt? Glücklicherweise konnte ich alle Sachen vor- übergehend in die Gewerberäume meiner Schwester lagern.

Ich war verzweifelt, weil ich mit der Wohnungssuche nicht vorankam. Mein Mut sank, ich fühlte mich fast wie eine Ob- dachlose, obwohl ich ein Dach über dem Kopf hatte. Es wurde langsam kühler. Der Oktober kam. Ich fühlte mich elend, kraft- los und hilflos. Dazu kam, dass es unserem Vater schlechter ging. Er lag seit einigen Jahren als Pflegefall zuhause.

Ich verlor zehn Kilo Gewicht. Jetzt musste ich zum Arzt gehen. Ich hatte noch keine Hausärztin in Potsdam und fand eine Pra- xis, die Neupatienten aufnahm. Mein erster Satz war: „Irgendet- was stimmt nicht mit mir!" Als erste Maßnahme nahm mir die Ärztin Blut ab und schickte mich zur Nuklear-Medizin nach Berlin, zum Schilddrüsen-Test. Alles war in Ordnung mit mei- ner Schilddrüse. Schön und gut. Ich machte mir ernsthaft Sor- gen. Was war bloß los mit mir? Die Ärztin untersuchte per Ultraschall alle inneren Organe, dann mein Herz: „Alles wun- derbar, Frau Buzin."

Sie fragte nach den Lebensumständen. Ich erzählte von der Schule, von der Wohnungssuche und von unserem kranken Va- ter. Prompt schickte sie mich zum Psychiater. Ab den Oktober- ferien 2022 war ich durchgängig krankgeschrieben. Am 21.11.2022 diagnostizierte der Psychiater: Rezidivierende de- pressive Störung als mittelgradige Episode.

Ich wurde immer passiver und schaffte es nicht mehr, mich um die Wohnungssuche zu kümmern. Dazu kam ein schlechtes Gewissen, denn ich blockierte die „Hacienda", und wusste nicht, wie lange das so gehen sollte. Ich hatte doppeltes schlechtes Ge- wissen, denn meine zwanzig Stunden an der Schule mussten ja irgendwie vertreten werden. Wer sollte das tun? Unser Vater starb im Oktober 2022. Trauern konnte ich nicht. Weinen auch nicht. Ich weiß nicht mehr, wie ich die Weihnachtszeit überstan- den habe. Ich wollte und konnte nicht mehr.

Mitte Januar bekam ich durch einen großen Zufall eine Woh- nung in Potsdam. Endlich eine Lösung! Eine Freundin fragte mich, ob sie bei „nebenan.de" fragen sollte. Ich machte mir zwar keine Hoffnung, stimmte aber zu. Es klappte. Jetzt wurde es noch schlimmer. Plötzlich war ich verantwortlich für eine Wohnung. Wie sollte ich das schaffen? Ich schaffte es ja kaum, für mich zu sorgen! Panik kam in mir auf. Der Umzug ging flott, Familie und Freunde halfen mit. Ich brauchte nichts zu tun, außer zu sagen, wo alles hingestellt werden sollte.

Meine neue Hausärztin beantragte eine medizinische Reha. Nachdem ich mit den zwanzigseitigen Antragsformularen gekämpft hatte, fieberte ich dem April 2023 entgegen. Ich ging für fünf Wochen nach Bad Kissingen in die Klinik. Die Gegend war wunderschön, die Klinik eine „Fabrik" voller Menschen mit psychischen Problemen. Ich fühlte mich noch einsamer als vorher. Um das Beste draus zu machen konzentrierte ich mich auf Meditation, spielte mit angenehmen Menschen Badminton, Tischtennis, machte Yoga, ging schwimmen. Die Gruppentherapien langweilten mich, die Einzelsitzungen waren etwas hilfreich. Davon gab es jedoch zu wenige. In der Gruppe wollte ich nichts erzählen. Ich wollte auch nicht die zum Teil dramatischen Geschichten der Rehabilitanden anhören. Ich genoss das Essen und die Sonne und ging oft im Wald spazieren. Beim Abschlussgespräch sagte ich dem stets freundlichen Stationsarzt meine Meinung. Ich musste etwas schmunzeln, als er mit russischem Akzent entgegnete: „Frau Buzin, war alles für die Katz?"

Ich denke, dass die Klinik für Menschen wunderbar geeignet ist, wenn sie wegen Burnout eine längere Auszeit brauchen. In der Klinik fanden gestresste Menschen endlich Zeit für sich, entdeckten ein neues Hobby, machten Sport, ernährten sich gesund. Diese Menschen konnten die Seele baumeln lassen.

Einige interessante Seminare halfen bestimmt einigen unbewussten Menschen weiter. Mir hat die Reha nicht viel gebracht, obwohl ich mir alle Mühe gab. Angeregt durch meine Zimmer-Nachbarin beschloss auch ich, dass ich aktiv werden musste, wenn ich wieder zuhause war. Ich wollte mich bewerben. Aber wo? Als was?

Meine Klinik-Psychotherapeutin, Frau Fortuna, hatte die Idee, dass sich jeder selbst einen Brief schreiben sollte. Sie würde den Brief drei Monate später an uns senden. Die Idee gefiel mir. Der Brief kam drei Monate später im August 2023 bei mir an:

Marchbachtalklinik, Bad Kissingen, 30. Mai 2023

Meine liebe Karin,

inzwischen ist schon etwas Zeit vergangen, und Du bist wieder zu Hause.

Ich möchte Dich mit diesen Zeilen daran erinnern, dass Du ein wundervoller Mensch bist. Du bist einmalig auf dieser Welt. Ich möchte Dich daran erinnern, was Du Dir vorgenommen hast, um Dich zu stärken, und das Vertrauen in Dir wiederzufinden. Machst Du Deinen Wochenplan? Klappt es gut, den Tag zu strukturieren? Spielst Du wieder Gitarre und singst wieder? Machst Du progressive Muskelentspannung und Deine Meditation über Selbstliebe, Urvertrauen? Umarmst Du regelmäßig Dein „inneres Kind" und sagst ihm, wie sehr Du es liebhast? Erinnere Dich bitte an all die guten Menschen und Gespräche, die Du in Bad Kissingen hattest. Es begann mit Gudrun, sie hat Dich durch die Klinik geführt und Dir alles gezeigt. Weißt Du noch das Gespräch mit Monika über Südafrika? Dann die lieben Reha-Mitstreiter Silvia und Renate. Erinnere Dich an die Wanderungen zum „Weg der Besinnung", zum „Wald der Seelen", oder einfach nur ein Bummel durch die Stadt mit Artur. Alles war so friedlich, angenehm warm und entspannt. Weißt Du noch die Rallye „Franken Classic" zu Pfingsten, und wie es gerochen hat, als die Oldtimer durch Bad Kissingen gefahren sind? Die Abgase haben niemanden gestört. Das leckere Eis an der Ecke? Herrlich war das. Weißt Du noch, die Badminton Spiele mit Thomas (mein Bürschchen) und die Tischtennisspiele mit Andreas und Solveig? Dann ein Besuch in der Bierscheune mit Solveig und Naci (sprich: Naatschi). Das alles bei Limonade und Wasser, wegen der Medikamente.

Du hast vielleicht immer noch keine Ahnung, wie es genau weitergeht für Dich, aber Du weißt, dass es immer weitergeht. Am Ende ist alles gut, und wenn es noch nicht gut ist, dann ist es noch nicht das Ende. Vielleicht bist Du ja inzwischen schon in der Tagesklinik – In der Aue?

Vielleicht konntest Du mit Deiner Therapeutin Deine Themen Selbstliebe, Selbstvertrauen, Urvertrauen schon so gut bearbeiten, dass Du wieder neuen Mut und die Kraft in Dir wiedergefunden hast?

Du hast immer darauf vertraut, dass das Leben FÜR Dich ist. Bleibe dabei! Du hast immer an die größte göttliche Macht geglaubt - ans Universum. Alles ist ALL-EINS! Das Universum sorgt für Dich. Du hast diese blöde Krankheit akzeptiert, hast diese blöden Tabletten geschluckt und vertraust darauf, dass Heilung geschieht. Du hast Deine Meditationen gemacht, Deine Affirmationen gesprochen. Du findest wieder in Deine Mitte, findest Dich wieder. Du stehst hundert Prozent zu Dir, komme, was wolle. Du kannst das! Du weißt, dass sich eine neue Tür öffnet, wenn der richtige Zeitpunkt da ist. Deine Gedanken über Dich und das Leben sind gute Gedanken. Grübel-Gedanken stoppst Du sofort und verwandelst sie in positive Gedanken. Oder Du lässt sie einfach weiterziehen, wie Wolken am Himmel. Du kannst das! Du achtest auf Dich. Das gelingt Dir immer besser. Jeden Tag wirst Du ein bisschen selbstbewusster. Kannst Du es fühlen? Fühle es! Du bist Dein eigener Anker, Dein eigener Hafen. Du findest Heimat in Dir selbst. Du bildest Dir Deine eigene Meinung, Deinen eigenen Standpunkt. Du bist mutig. Du hast schon ganz andere Sachen geschafft, Süße. Denk an Afrika!

Weil Du Dich schätzt, schätzen Dich auch Deine Mitmenschen. Erinnere Dich an den Abend in der Strandbar mit Margit, als sie sagte: „Du bist die Größte! Du bist die Schönste! Du bist die Beste!" Wie eine liebende Mutter nahm sie Dein Gesicht in ihre Hände und sagte Dir diese Sätze. Das tat so gut. Bewahre Dir diese wundervollen Momente, die Du hier in Bad Kissingen erlebt hast. Ich möchte Dir sagen, dass ich Dich, mein liebes Selbst, sehr liebhabe.

Deine Karin

Ich war wieder zu Hause, es wurde wärmer und ich bewarb mich an verschiedenen Stellen, als Betreuerin beim DRK, als Erzieherin im Hort und musste mich zusammenreißen, damit niemand im Bewerbungsgespräch mitbekam, dass ich eine Depression hatte. Das war extrem anstrengend. Der entscheide Punkt für meine Besserung war, dass ich mich zum Ende Juli

2023 vom Senat verabschiedet habe. Ich habe mich entschieden, gegen das staatliche Schulsystem. Jetzt fühlte ich mich endgültig befreit. Keine Gespräche mehr mit anderen Schulleitungen, keine Telefonate mehr mit dem Personalrat, keine Umsetzung an eine andere Schule, keine Wiedereingliederung nach dem Hamburger Modell. Ich war endgültig raus.

Zeitgleich kam die Zusage von der Einzelfallhilfe Manufaktur Potsdam und ich startete zum neuen Schuljahr 2023/24 mit einer Klientin siebte Klasse (mit Autismus-Spektrum). Witzigerweise landete ich wieder auf einer Montessori-Schule. Jetzt ging es seelisch bergauf, ich hatte eine Perspektive. Eine Aufgabe mit Kindern und ich wusste, ich bin gut darin. Ich hatte schon immer ein Händchen für besondere und auffällige Kinder. Sie suchten den Kontakt zu mir. Erfahrung mit Autisten hatte ich genauso wie mit Kindern, die in ihrer geistigen und emotional-sozialen Entwicklung beeinträchtigt sind.

Ich bin weiterhin im Bereich Schule tätig, und kann mich jetzt ausschließlich auf meine Klientin konzentrieren. Was für eine Freude. Was für ein Weg.

Ich war beim allerletzten Termin bei meiner Psychotherapeutin und berichtete voller Freude über die aktuellen Geschehnisse. Dann hörte ich sie sagen: „Frau Buzin, ich sehe, Sie brauchen mich nicht mehr. Ich habe Sie auch nur ein bisschen unterstützt, den Rest haben Sie ganz alleine gemacht."

Ich habe zu mir selbst zurückgefunden.

Zum Ende lasse ich erneut Vera F. Birkenbihl zu Wort kommen. Sie zeigt anschaulich, wie der Weg aus der Dunkelheit ins Licht verläuft: Die Liebe ist das Licht. Sie besiegt Unsicherheit, Scham und Angst. Die Liebe vertreibt die Dunkelheit.

„Der Gegensatz von Liebe ist Furcht oder Angst. Schuld, Unsicherheit, Angst, Scham können wir uns als Dunkel vorstellen. Wenn Licht auf Dunkelheit fällt, dann siegt das Licht. Umgekehrt geht es nicht. Ich muss das Licht wegnehmen, um Dunkelheit zu erzeugen. Ich kann nicht Dunkelheit verbreiten, wie ich Licht verbreiten kann." (Lit. 75)

Anhang

Welche Arten der Depression gibt es?

Anhand des Schweregrades, der Verläufe, der Symptome und der Auslöser unterscheidet man mehrere Arten von Depressionen. (Lit. 69)

Bis auf die Depression, die im Rahmen einer bipolaren Störung auftritt, werden sie alle als unipolar klassifiziert (auch: endogene Depression). Bei einer bipolaren Störung wechseln depressive mit manischen Phasen. (Lit. 70)

Depressive Verstimmung

Eine depressive Verstimmung kann sowohl ein kurzzeitiges Stimmungstief sein, als auch am Anfang einer Depression stehen. Man spricht von einer depressiven Verstimmung, wenn sich die Betroffenen bis zu zwei Wochen freudlos und traurig fühlen. Der Übergang zu einer Depression kann schleichend sein.

Leichte Depression, leichte depressive Episode

Die Betroffenen leiden länger als zwei Wochen unter einem Hauptsymptom, zum Beispiel gedrückter Stimmung oder Interessen- oder Freudlosigkeit und bis zu drei weiteren Symptomen, zum Beispiel Antriebslosigkeit, Konzentrationsschwierigkeiten, Schuldgefühle, Hoffnungslosigkeit, Schlafstörungen, Veränderungen des Appetits, innere Unruhe, Verlangsamung, Suizidgedanken. Sie sind weniger eingeschränkt als Personen mit einer mittelschweren oder schweren Depression.

Mittelschwere Depression

Wenn Betroffene länger als zwei Wochen ein Hauptsymptom und vier Zusatzsymptome an sich feststellen, spricht man von einer mittelschweren Depression. Die Betroffenen sind in ihrem Alltag bereits stark beeinträchtigt.

Leichte und mittelschwere Depressionen sind für Außenstehende schwer zu erkennen, denn viele Betroffene verhalten sich weitgehend unauffällig und können sogar gesellig und lustig wirken. Wie sie sich tatsächlich fühlen, bleibt oft verborgen. Dabei leiden die Betroffenen weniger an negativen Affekten und Emotionen – vielmehr verflachen die Gefühle, und die Betroffenen spüren eine innere Leere.

Schwere Depression (Major Depression)

Bei den Betroffenen sind mehrere, intensive Symptome vorhanden, darunter oft Suizidgedanken oder suizidale Handlungen. Wer unter einer sogenannten Major Depression leidet, kann seinen Alltag nicht mehr bewältigen oder muss sogar, sofern er eine Gefahr für sich selbst oder andere Menschen darstellt, einen Aufenthalt in einer Klinik in Betracht ziehen.

Chronische Depression

Wenn die oben aufgeführten Symptome zwei Jahre und länger anhalten, leiden Sie höchstwahrscheinlich unter einer chronischen Depression. Auffällig bei dieser Depressionsart ist, dass sie meist bereits im Kindes- oder Jugendalter beginnt und oftmals bei Menschen auftritt, die emotionale Vernachlässigung oder körperliche Gewalt erleben. Die chronische Depression ist besonders belastend, weil es keine Phasen gibt, in denen die Beschwerden abklingen.

Bipolare Störung, manisch-depressive Störung

Depressive Stimmungsstörungen treten im Wechsel auf, jedoch nicht im Wechsel mit symptomfreien Phasen. Vor oder nach einer depressiven Episode erleben die Patienten eine extreme Hochstimmung (Manie), sind sehr aktiv, reizbar, sprunghaft und unruhig. Betroffene werden deshalb auch als „manisch-depressiv" bezeichnet. Wie bei anderen Depressionsarten spielt die Genetik als Ursache eine Rolle. Auslöser können auch traumatische Erlebnisse, Stress oder Drogenmissbrauch sein.

In ihren manischen Phasen fühlen sich die Patienten gesund und suchen erst Hilfe in ihren depressiven Phasen. Deshalb wird die bipolare Störung auch von Ärzten oft spät erkannt.

Anlassbezogene Depressionen:

Saisonale Depression (Winter-, Frühjahrsdepression)
Eine saisonal bedingte Depression ist eine Sonderform, die nur zu bestimmten Jahreszeiten auftritt – häufig in der lichtarmen Zeit im Herbst oder Winter („Winterdepression"). Doch es gibt auch Frühjahrsdepressionen, die oft auf eine latent vorhandene Depression hinweisen. Betroffene fühlen sich antriebslos, traurig, hoffnungslos, verzweifelt, die Beschwerden halten mindestens zwei Wochen an. Im Gegensatz zur Major Depression sind die Symptome weniger schwer und lassen sich oft mit einfachen Mitteln wie Bewegung im Freien, Lichttherapie, Vitamin D, B-Vitamine wie Vitamin B12 und Vitamin C lindern. Es ist zu empfehlen, vor Einnahme von Vitaminen oder Nahrungsergänzungen einen Arzt zu konsultieren. (Lit. 71)

Pränatale Depression oder Schwangerschaftsdepression
Ungefähr zwanzig Prozent aller Frauen verspüren während der Schwangerschaft Symptome, die denen einer Depression ähneln, jedoch weniger schwerwiegend sind. Auslöser können Stress, Traumata oder erbliche Faktoren sein. Außerdem vermutet man Hormonveränderungen als Ursache.

Postnatale Depression, postpartale Depression oder Wochenbettdepression
Ein bis zwei von 1.000 Müttern erkranken kurz nach der Geburt an einer postnatalen Depression – auch bei Vätern ist das möglich. Besonders belastend ist für Betroffene die gesellschaftliche Vorstellung von Elternschaft und Mutterglück. Stellen sich bei den Eltern statt Glücksgefühlen Trauer, Angst oder gar Sui-

zidgedanken ein, sorgt das für Unverständnis und Ablehnung, weshalb sich betroffene Mütter und Väter häufig erst spät Hilfe holen. Eine Wochenbettdepression ist gut behandelbar und geht oft vorbei, wenn sich der Körper von den Hormonschwankungen erholt hat.

Erschöpfungsdepression oder Stressdepression

Sie tritt oft als Folge eines Burnouts auf, welche von der Weltgesundheitsorganisation nicht als eigenständige Krankheit anerkannt ist. Der Übergang vom Burnout zur Depression ist sehr schleichend, was eine Diagnose schwierig macht.

Es gibt noch weitere Formen von Depressionen. Wenn es Dich interessiert oder Du Dich hier nicht wiedergefunden hast, dann findest Du mehr Informationen bei

- enableMe (Stiftung MyHandicap) (Lit. 72)
- DieDepression (Lit. 73)
- Stiftung Deutsche Depressionshilfe und Suizidprävention (Lit. 74)

Literatur und Quellen

1 ©Hans Kruppa, www.hans-kruppa.de, aus: Wünsche ans Leben: Gedichte, Gedanken & Geschichten, Coppenrath-Verlag GmbH & Co. KG Münster 2014

2 www.psychiater-im-netz.de

3 SEIN. Bewusstsein und Wandel, 10-12 One World Verlag Berlin, 2024, S. 13., www.sein.de

4 https://icdcode.info/deutsch/icd-10-gm/code-f32.html [27.6.2024]

5 https://www.neurologen-und-psychiater-im-netz.org/psychiatrie-psychosomatik-psychotherapie/stoerungen-erkrankungen/depressionen/ursachen/

6 Vera F. Birkenbihl: Erfolgspsychologie. DVD, 2014

7 Pierre Franckh: Finde deinen Seelenpartner: Wie du dich für die Liebe deines Lebens öffnest. Gräfe und Unzer Verlag GmbH, München 2021, S. 74.

8 K. M. Chan M.S.W./K. Horneffer Ph. D. (2006): Emotional expressions and psychological symptoms: A comparison of writing and drawing. In: The Arts in Psychotherapy 33, S. 26-36.

9 Jan Lenarz, Julia Florentine Prasse: (Aufklärende zum Thema mentale Gesundheit, Stressprävention): Das große Buch der guten Gedanken, Verlag GmbH, Berlin 2023.

10 Dazu auch Pierre Franckh: Finde Deinen Seelenpartner (s.d.)

11 https://www.deutsche-depressionshilfe.de/files/cms/Buendnisse/Hamburg-Harburg/krisenplan.pdf

12 https://www.wlodarek.de/; Eva Wlodareck: Der Selbstwert-Check mit sieben Tipps für ein besseres Selbstbild und mehr innere Stärke, YouTube, 16:46 min, [07.01.2023]

13 Laura Malina Seiler: Schön, dass es dich gibt, Rowohlt Taschenbuch Verlag 2018

14 Josef Giger-Bütler: „Jetzt geht es um mich": Die Depression überwinden – Anleitung zur Selbsthilfe, Beltz Verlag, Weinheim und Basel 2012, S. 60 ff

15 Hans Kruppa: Wünsche ans Leben (s.d.)

16 Eckhart Tolle (spiritueller Lehrer): Jetzt! Die Kraft der Gegenwart, J. Kamphausen Verlag & Distribution GmbH, Bielefeld, Sonderausgabe 2012, S. 107

17 Hilde Light (Atem-Therapeutin, Feng-Shui-Meisterin in Johannesburg /Südafrika): Meditation & Mindfulness Classes, Space cleansing for Homes, small Business, Rebirthing Breathwork & Councelling https://www.innergise.co.za/ [3.9.24]

18 Kurt Tepperwein (Life-Coach): Mentales Erschaffen, Zauberstab-Gedankenkraft, Teil 1, https://www.youtube.com/watch?v=NRJtgkTG8l4 [26.04.2020]

19 Jack Canfield und Mark Victor Hansen: „Hühnersüppchen für die Seele", Wilhelm Goldmann Verlag München 2002

20 Dazu auch: Meine Erklärung der Selbstachtung, zum Beispiel hier: https://mymonk.de/meine-erklaerung-der-selbstachtung-v-virginia-satir/ [6.2.2025]. Sie stammt wahrscheinlich aus: Virgina Satir: Selbstwert und Kommunikation. Familientherapie für Berater und zur Selbsthilfe. Erstmals veröffentlicht bei Cotta'sche Buchhandlung, 1975

21 Stefanie Stahl (Autorin, Psychotherapeutin, Speakerin): „Das Kind in dir muss Heimat finden", Kailash Verlag, München 2015

22 Eckhart Tolle: Jetzt! (s.d.)

23 https://www.karinkuschik.com/listen-learn/ [11.6.2024]

24 Laura Malina Seiler: Wie du mit EFT Deine Ängste und Sorgen loslassen kannst, 27:18 min: https://lauraseiler.com/higher-self [13.11.2019]

25 https://www.lachverband.org/mitglieder.html [16.7.2024]

26 https://lachclub.info/ [13.1.2025]

27 Dazu auch: Patty Hansen „Riskieren" in: Jack Canfield, Mark Victor Hansen: Hühnersüppchen für die Seele, S. 63

28 Hans Kruppa (s.d.), S. 142

29 Vera F. Birkenbihl: 60 Sekunden lachen. https://www.youtube.com/watch?v=4zPvqu0PlEs [16.7.24]

30 weitere Anregungen hier: Kurt Tepperwein: Ihr Zauberstab Gedankenkraft. https://www.youtube.com/watch?v=h87x9gQok-A (1/5) [16.7.2024]

31 Antonia Koschnick: https://www.angstselbsthilfe.de/
daz.digital/die-neurobiologie-hinter-angst-und-depression-teil2/
[19.7.2024]

32 Laura Malina Seiler: Schön, dass es Dich gibt (s.d.)

33 Gerald Hüther: Depression verstehen und besiegen: Einblicke
und Lösungen von Gerald Hüther, https://www.youtube.com/
watch?v=qux1uHcGGKs [25.05.2023]

34 Gerald Hüther: Depression verstehen und besiegen (s.d.)

35 Eva Maria Zurhorst (Paarcoach, Heilungs-und
Transformationsarbeit): Liebe kann alles. Wie du mit deiner
weiblichen Kraft zur Schöpferin deines Lebens wirst, Arkana
München in der Verlagsgruppe Random House 2019

36 Clemens Kuby: Heilung. Das Wunder in uns:
Selbstheilungsprozesse entdecken. Kösel Verlag 2024, S. 211

37 Paul Watzlawick: „Anleitung zum Unglücklichsein", Verlag
Piper GmbH & Co. KG, München 1988

38 http://www.phantasiereisen.de/ [25.09.2024]

Phantasiereisen findest Du auch in der Literatur, zum Beispiel
hier:

39 Michaela Huber: Der innere Garten. Ein achtsamer Weg zur
persönlichen Veränderung (mit CD). Verlag Junfermann 2010

40 Stefan Adams: Neue Phantasiereisen. Entspannende Übungen
für Jugendarbeit und Erwachsenenbildung. Don Bosco Verlag
München, 2004

41 Kurt Tepperwein: youtube: „Mentales Erschaffen, Zauberstab-
Gedankenkraft", Teil 1, 1:11:00, [26.04.2020]

42 Luisa Francia: Blühende Fantasie. Die eigene Lebensvision
gestalten. Knaur Verlag 2018

43 Eva Wlodarek: Youtube: „Der Selbstwert-Check mit 7 Tipps
für ein besseres Selbstbild und mehr innere Stärke", 16:46 min,
[07.01.2023]

44 Bodo Schäfer (Speaker, Erfolgscoach): Youtube: Fühle dich wie
ein Champion: 3 Übungen für Selbstbewusstsein, 27:47min,
[08.09.2023]

45 www.robert-beetz.com [25.09.2024]

46 Laura Malina Seiler: Schön, dass es Dich gibt (s.d.)

47 Jan Lenarz, Julia Florentine Prasse: Das große Buch der guten Gedanken, s.d. Seite 21

48 Jack Canfield (Persönlichkeitstrainer USA) und Mark Victor Hansen (Karriereberater): s.d., S. 119

49 Die vollständige Geschichte von Pablo Casals findet sich in mehreren Übersetzungen im Netz, z. B. hier: https://de.paperblog.com/du-bist-ein-wunder-306339/ [5.2.2025]

50 Pierre Franckh: Die Seele heilen, 21:57 min, https://happinesshouse.de [18.04.2023]

51 When I Loved Myself Enough: Inspiring words to help you find happiness and joy (Aziza's Secret Fairy Door, 244) Kim McMillen with Alison McMillen, Sidgwick & Jackson, 2018

52 Das Gedicht findet sich mit der Autorenangabe „Charlie Chaplin" überall im Netz, unter anderem hier: http://www.zeitblueten.com/news/als-ich-mich-wirklich-selbst-zu-lieben-begann/ [20.10.2015]

53 Marianne Williamson: A Return to Love: Reflections on the Principles of A Course in Miracles. HarperOne, 2009. Übersetzung der Autorin

54 https://www.coachblues.de/geschichten-zum-nachdenken/tue-was-du-tust/ [5.2.2025]. Nach: Wolfgang Endres/Jürgen Meisel: Arbeitspläne zur Endres-Lernmethode, Beltz Weinheim und Basel 2004 („Tue, was du kannst" aus dem Zen)

55 Verena König (Trauma-Therapeutin): Podcast für kreative Transformation (215): 3 Schlüssel für ein reguliertes Nervensystem. https://verenakoenig.libsyn.com/215-3-schlssel-fr-ein-reguliertes-nervensystem, 35:04 min [7. Okt. 2022]

56 Verena König: Podcast für kreative Transformation (215): (s.d.)

57 https://www.deutsche-depressionshilfe.de/depression-infos-und-hilfe/was-ist-eine-depression/haeufigkeit [2.10.2024]

58 Georg Pieper: Wenn unsere Welt aus den Fugen gerät: Wie wir persönliche Krisen bewältigen und überwinden, Random House GmbH, München 2014

59 Georg Pieper: Wenn unsere Welt aus den Fugen gerät (s.d.)

60 Karin Kuschik (Life-und Business-Coach, Speakerin): 50 Sätze, die das Leben leichter machen: Ein Kompass für mehr innere Souveränität, Rowohlt Taschenbuch Verlag, 2023

61 Stefanie Stahl: Das Kind in dir … s.d.

62 Hans Kruppa: Wünsche ans Leben s.d.

63 Mehr dazu bei Stefanie Stahl: Das Kind in dir … s.d.

64 Friedemann Schulz von Thun (emeritierter Professor für Psychologie, Kommunikationstrainer): Erfülltes Leben: Ein kleines Modell für eine große Idee, Carl Hanser Verlag GmbH & Co. KG, München 2021

65 https://de.wiktionary.org/wiki/Person

66 Laura Malina Seiler: Schön, dass es Dich gibt (s.d.)

67 Vera F. Birkenbihl: DVD Erfolgspsychologie (2014)

68 L.M. Seiler: Schön, dass es Dich gibt (s.d.)

69 https://www.enableme.de/de/artikel/depression-arten-1263 [11.6.24]

70 https://www.bzga-essstoerungen.de/fileadmin/user_upload/bzga-essstoerungen/bilder/7_material_publikationen/Themenblatt_Depression_Stand_09.22.pdf [11.6.2024]

71 https://www.depressionen-verstehen.de/welche-vitamine-bei-depressionen/

72 https://www.enableme.de/de/artikel/depression-arten-1263 [11.6.2024]

73 https://www.die-depression.de/formen [15.1.2025]

74 https://www.deutsche-depressionshilfe.de [15.1.2025]

75 Vera F. Birkenbihl Erfolgspsychologie (DVD)

Glossar

Agitiertheit beschreibt Beschwerden wie eine innere Anspannung und Unruhe im Sinne eines übersteigerten Verhaltens, z. B. spontane Bewegungen wie Zittern, Ticks u. Zuckungen

Frequenzen: Schwingungen auf der Skala des amerikanischen Arztes, Psychiaters und spirituellen Lehrers David Ramon Hawkins. Anhand der zugeordneten Frequenzen werden unterschiedliche Bewusstseinszustände unterschieden und definiert – von sehr niedrigen Schwingungen wie Scham, Schuld, Angst bis zu sehr hohen Schwingungen wie Frieden, Liebe, Erleuchtung.

Psychotherapie: gezielte professionelle Behandlung psychischer (seelischer) Störungen oder psychisch bedingter körperlicher Störungen mit psychologischen Mitteln. Die dabei angewandten Verfahren, Methoden und Konzepte sind durch verschiedene Psychotherapieschulen geprägt. (wikipedia)

Verhaltenstherapie: Spektrum von Methoden innnerhalb der Psychotherapie. Die Grundidee ist, dass störungsbedingtes Verhalten erlernt wurde und auch wieder verlernt werden kann. Bekannte therapeutische Techniken der Verhaltenstherapie sind die Konfrontationen mit auslösenden Reizen sowie die Verstärkung erwünschten und die Löschung unerwünschten Verhaltens. (wikipedia)

Familientherapie: psychologisches Verfahren, bei dem die Familie als soziales System im Zentrum der psychologischen Intervention steht. (wikipedia)

Selbsthilfegruppen: selbstorganisierte Zusammenschlüsse von Menschen, die ein gleiches Problem oder Anliegen haben und gemeinsam etwas dagegen bzw. dafür unternehmen möchten. Typische Probleme sind etwa der Umgang mit chronischen oder seltenen Krankheiten, mit Lebenskrisen oder belastenden sozialen Situationen. (wikipedia). Sie sind eine wertvolle Ergänzung zur medikamentösen bzw. psychotherapeutischen Behandlung von Depressionen.

Poesie- und Literaturtherapie (auch: Bibliotherapie): künstlerische Therapieformen, die die Heilkraft der Sprache, das Lesen von beruhigender und aufbauender Literatur und das Schreiben und Gestalten eigener literarischer Texte verwenden, um Heilungsprozesse zu unterstützen, Probleme zu lösen und Persönlichkeitsentwicklung zu fördern. (wikipedia)

Ergotherapie: Therapieform, die Menschen unterstützt und begleitet, um ihre täglichen Lebens- und Arbeitsfähigkeiten trotz krankheits-, verletzungs- oder behinderungsbedingter Einschränkungen zu erhalten oder zu verbessern. (wikipedia). In der Ergotherapie werden auch künstlerische Ausdrucksmöglichkeiten vermittelt: z. B. Malen, Zeichnen, Basteln, Gestalten; außerdem kognitive Therapie, Verhaltenstherapie, Bewegungs- und Sporttherapie und Entspannungstechniken.

Hypnose- und Hypnotherapie: Als Hypnotherapie oder Hypnosepsychotherapie werden heute Therapieformen zusammengefasst, die Trance und Suggestionen therapeutisch nutzen. Um Heilungs-, Such- und Lernprozesse zu fördern, wird entweder Hypnose im mehr formalen Sinn praktiziert oder es werden alltägliche Tranceprozesse für die therapeutische Arbeit genutzt. (wikipedia)

Verbinde neun Punkte:

Hier ist eine von mehreren möglichen Lösungen:

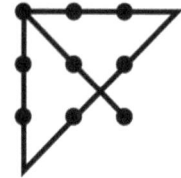

Auch diese Lösung ist möglich:

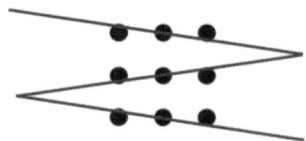

Phantasiereisen, Märchen- oder Traumreisen: imaginative Verfahren. In der Psychotherapie werden sie zum Aufspüren von innerer Kraft und Weisheit oder in der Traumatherapie zur Schaffung eines sicheren Ortes eingesetzt. Als Entspannungsverfahren wirken sie therapeutisch.

Hormesis: (gr. Anregung, Anstoß, engl.: adaptive response), bezeichnet das Phänomen, dass geringe Dosen schädlicher oder giftiger Substanzen und stressauslösender Umweltfaktoren eine positive Wirkung auf den Organismus haben können. (wikipedia)

Arschengel (nach Robert Betz) sind Menschen, die uns verletzen und negative Gefühle auslösen und damit auf Unverarbeitetes hinweisen. https://robert-betz.com/mediathek/robert-betz-in-den-medien/artikel-von-robert-betz/mensch-aergere-dich-nicht/ [6.2.25]

Nelson Mandela (1918-2013) war von 1994 bis 1999 der erste schwarze Präsident Südafrikas

Affirmationen: positive Selbstbestätigungen, die bei regelmäßiger Wiederholung auf Dein Unterbewusstsein wirken, wenn Du sie mit einem starken Gefühl verknüpfst.

Mindset: Denkweise, Einstellung, Haltung, Mentalität

Maria Montessori (1870-1952): italienische Ärztin, Frauenrechtlerin, Pädagogin, Gesellschaftskritikerin, Geschäftsfrau. Sie war eine Pionierin in der Bildungswelt des 20. Jahrhunderts.

Wichtige Kontakte für eine akute Krise

TelefonSeelsorge® Soforthilfe in schwierigen Lebenslagen 0800–11 10 111 (24 Stunden erreichbar)

Nummer gegen Kummer für Kinder und Jugendliche: 116 111 (montags bis samstags 14 bis 20 Uhr)

Nummer gegen Kummer Elterntelefon 0800–11 10 550 (montags bis freitags 9 bis 17 Uhr, dienstags und donnerstags bis 19 Uhr).
Rechne damit, dass Du zu bestimmten Tageszeiten die Nummer mehrfach wählen musst, um eine freie Leitung zu erreichen. Bitte gib nicht auf!

Notruf 112. In einer akuten Krise, z. B. mit Suizidgedanken, leistet der Rettungsdienst Ersthilfe in kürzester Zeit.

Bei der **Deutschen Depressionshilfe** findest Du eine Übersicht überregionaler Krisentelefone:
https://www.deutsche-depressionshilfe.de/krisentelefone.

Bei der **Deutschen Depressionshilfe** findest Du einen Krisenplan zum Download: https://www.deutsche-depressionshilfe.-de/files/cms/Buendnisse/Hamburg-Harburg/krisenplan.pdf

Bei der **Stiftung Deutsche Depressionshilfe und Suizidprävention** findest Du weitere Informationen.

Info-Telefon Depression: 0800–33 44 533

Danksagung

Es war mir eine große Freude, dieses Buch zu schreiben. Ein weiterer Herzenswunsch ging in Erfüllung.

Ich danke allen lieben Menschen, die mich ermutigt haben, es zu tun. Nach dem Motto: Nicht lange reden, einfach machen.

Danke Leni, dass du mich jeden Tag kontaktiert und Dich nach mir erkundigt hast. Du warst ein wahrer Rettungsring. Danke für Deine Freundschaft. Danke an meine Familie, dass ihr immer für mich da wart, da seid. Danke Astrid und Jörn für die Hacienda und das gemeinsame Brunchen an vielen Wochenenden.

Danke Bettina Hünicke für deine Malkurse. Dank deiner Unterstützung habe ich eine Wohnung in Potsdam gefunden. Danke Arina, für das Schweizer Buch. Danke Selina für die Zeit, die du mit mir verbracht hast. Danke Susann für die Gespräche und deine goldenen Hände, die mir Energie gegeben haben.

Danke an meine Hausärztin Dr. med. B. Sperling, meinen Psychiater A. Adolphsen und meine Psychotherapeutin Frau Gmyrek für das Wohlwollen und Wissen.

Danke Shanth von design work für das Atemzeichen.

Danke an meine Lektorin Anke Engelmann für den Feinschliff. Danke an die Sales Angels Pascal & Jens für das Coaching.

Ich danke allen Menschen mit Verstand und Herz, allen Autoren, Couches und Vordenkern, deren Bücher ich inhaliert habe. Ihr habt mich inspiriert, meinen eigenen Weg zu gehen.

Danke, dass es immer mehr bewusste Menschen gibt, die bereit sind, sich zu ent-wickeln.

Dank auch an die Verlage und Autoren, die mir den Abdruck ihrer Texte erlaubt haben:

Hans Kruppa © www.hans-kruppa.de:

„Atem", „Menschen", „Solange du an das Leben glaubst", „Das innere Kind". Veröffentlicht in: Wünsche ans Leben: Gedichte, Gedanken & Geschichten, Coppenrath-Verlag GmbH & Co. KG, Münster 2014.

Friedemann von Thun: Erfülltes Leben, Carl Hanser Verlag GmbH & Co KG München 2021

Paul Watzlawick: Anleitung zum Unglücklichsein, Verlag Piper GmbH & Co KG München 1988, © Paul Watzlawick 1983

Marianne Williamson: A return to love: reflections on the principles of a course in miracles. 1st ed. p. cm.1992 Harper Perennial (Division of Harper CollinsPubblishers)

Inhalt

motiviert

AKTIV

mutig   glücklich   stolz

                                froh

ausgelassen

erfüllt   neugierig

              lebhaft

gutgelaunt   ENTSPANNT

zuversichtlich

                                    ERFÜLLT

lebendig   interessiert

          wach   ERWARTUNGSVOLL

dankbar

              heiter

SICHER   stark

Bei diesen Gefühlen geht es uns gut. Sie spiegeln uns wider, dass wir mit uns und unserem Leben zufrieden und in einer inneren Balance sind. Unsere persönlichen Bedürfnisse sind erfüllt.

Bibliografische Information der Deutschen Nationalbibliothek
Die Deutsche Nationalbibliothek verzeichnet diese Publikation in der Deutschen Nationalbibliografie; detaillierte bibliografische Daten sind im Internet über dnb.de abrufbar.

Text- und Data-Mining
Die automatisierte Analyse des Werkes, um daraus Informationen gemäß §44b UrhG zu gewinnen, ist untersagt.

Impressum

ISBN: 978-3-7693-5806-3
Verlag: BoD · Books on Demand GmbH, Überseering 33,
22297 Hamburg, bod@bod.de
Druck: Libri Plureos GmbH, Friedensallee 273,
22763 Hamburg
Lektorat, Satz und Gestaltung: Anke Engelmann,
Cover: Foto und Bearbeitung © Anke Engelmann,
Texte: © Alle Rechte bei der Autorin. Abdruck und Kopie, auch auszugsweise, nur mit Genehmigung.
Potsdam, 2025